BAND 4

DAS MALLORCA LUDWIG SALVATORS HEUTE ERLEBT

Wegweiser zu dem ursprünglichen Mallorca

Herbert Heinrich

BAND 4

DAS MALLORCA LUDWIG SALVATORS HEUTE ERLEBT

Ausflüge in die Vergangenheit
auf den Spuren des Erzherzogs

EDITORIAL MOLL
Palma de Mallorca 1986

Karten und Illustrationen vom Autor,
aus „DIE BALEAREN" von Ludwig Salvator
und „Les îles oubliées" von Gaston Vuillier
Titelfoto Karlheinz Jardner

Monte Fornells 57
E-07160 Paguera / Mallorca
Tel. Palma 68 70 86

EDITORIAL MOLL
Torre de l'Amor
E-07001 Palma de Mallorca
Tel. 72 44 72

I.S.B.N. 84 - 273 - 0503 - 6

Editorial Moll, Torre de l'Amor, 4, Palma de Mallorca
repa-druck GmbH, Zum Gerlen, Industriegebiet
D-6601 Ensheim, Alemania R.F.

Inhaltsverzeichnis
Band 4

Einführung zum Band 4

Es ist gewiß kein Zufall, daß es zumindest vier Ludwig-Salvator-Biographien von mallorquiner Autoren in spanischer Sprache gibt, während 1985 noch keine in Deutsch vorliegt. Dabei hat seine Kaiserlich-Königliche Hoheit, der Erzherzog von Österreich, Ludwig Salvator von Habsburg-Lothringen und Bourbon die meisten seiner rund 80 Bücher in Deutsch geschrieben, obgleich er 14 Sprachen recht gut beherrscht haben soll. –

Wer jedoch, durch Hinweise in Mallorca-Büchern aufmerksam geworden, die Bücher des Erzherzogs auf Deutsch lesen möchte, wird große Schwierigkeiten haben, sie überhaupt in die Hand zu bekommen. Neuauflagen gibt es nicht und für die wenigen, nach zwei Weltkriegen und dem Zusammenbruch der Donaumonarchie, noch vorhandenen Exemplare der Originalausgaben, sind Sammler bereit, erstaunliche Beträge zu zahlen. – Ich auch! Also wenn Ihnen mal soetwas begegnet, was sich auf Mallorca bezieht, lassen Sie es mich wissen. –

Obwohl sein mehrbändiges Werk „DIE BALEAREN, geschildert in Wort und Bild" sowie andere Bücher, die sich mit Mallorca beschäftigen, inzwischen verschiedene Neuauflagen in spanischer Übersetzung, oder im altkatalanischen Original, erlebt haben, gibt es nichts für deutschsprachige Interessenten. Die Verleger haben bislang das Risiko gescheut, denn es gibt wohl nur wenige Leser deutscher Sprache, welche die Ausdauer besitzen, die „Balearen" vollständig durchzulesen. Der Stil schwankt zwischen lyrischen Schwärmereien, etwa bei der Beschreibung von Landschaften, und Bandwurmsätzen in antiquiertem Amtsdeutsch, auch die Schreibweise

Die Foradada

der mallorquinischen Ortsangaben ist oft veraltet. Der Text ist mit unbekannten spanischen und mallorquinischen Wörtern durchsetzt, verwendet teilweise Maße, die kein Lexikon mehr erklärt und enthält auch viele Zahlen und Details, die heute nur noch sehr wenige Menschen interessieren.

Um nun ein lebendiges, sinnvolles Buch für deutschsprechende Mallorca-Freunde zu schaffen, habe ich aus dem umfangreichen Werk des Erzherzogs Abschnitte herausgesucht, die für normale Leser interessant sein sollten und dazu herausgefunden, wo man auch heute noch etwas von dem geschilderten, ursprünglichen Mallorca erhaschen kann, das einen so völlig anderen Geist atmet als die Hotelstädte, mit denen die Küsten der Insel zuzementiert worden sind.

Auf diese Weise sind gewissermaßen „Ausflüge in die Vergangenheit unter der Führung Ludwig Salvators" entstanden. Ohne Sie mit Details und Zahlen zu langweilen, kann ich meine Leser ein wenig mit der Kultur und Geschichte dieser verzauberten Insel bekannt machen. So ergibt sich eine reizvolle Kurzweil für Menschen mit geistigen Interessen, die mehr von Mallorca kennenlernen möchten als Strand und Nachtleben.

Ich wünsche meinen Lesern dabei viel Freude

Cala Fornells, Dezember 1986

Herbert Heinrich

Die Bedeutung Ludwig Salvators als Schlüsselfigur für das Verständnis von Geschichte und Kultur Mallorcas

Der erste Weltkrieg hat ihn schwerkrank von seinem geliebten Mallorca vertrieben, deshalb ist seine Kaiserlich-Königliche Hoheit, der Erzherzog von Österreich, Ludwig Salvator von Habsburg-Lothringen und Bourbon im Familienschloß Brandeis, im damaligen Böhmen, am 12. Oktober 1915 gestorben. Er wurde 68 Jahre alt. Geboren ist er in Florenz, im Palazzo Pitti, am 4. 8. 1847 als 3. Sohn des damals regierenden Großherzogs der Toscana, der 1859 Garibaldis Einigungsbestrebungen weichen mußte.

Seine ganz ausgezeichnete Grundausbildung erhielt er zunächst im Theresianum in Wien und dann an der Universität Prag, wo er zunächst Rechtswissenschaft und Philosophie, später Geistes- und Naturwissenschaften, Philologie, Archäologie, Zeichnen und Malerei studiert hat. Damit hatte es aber dann kein Ende, sein ganzes Leben war ein fortwährendes Studium und durch anhaltende geistige Arbeit gekennzeichnet. Wenn wir lesen, daß er 14 Sprachen beherrscht haben soll, darunter auch Katalan/Mallorquin und Arabisch, so ahnen wir den Bildungsumfang dieses ungewöhnlich intelligenten und kultivierten Mannes, der auf eine Staatskarriere verzichtet hat, um sich am Mittelmeer einen eigenen Bereich zu schaffen.

Bislang ist mir noch keine Ludwig-Salvator-Biographie in deutscher Sprache begegnet, obgleich bereits 1899 Leo Woerl das Buch „Ludwig Salvator aus dem Österreichischen Kaiserhaus als Forscher des Mittelmeers" herausgebracht hat. Dagegen sind mehrere Biographien in spanischer Sprache erschienen, davon zwei erst in den letzten Jahren. Von den 79 gelisteten Werken des Erzherzogs, sind einige gewiß Variationen und Übersetzungen, dafür zählt jedoch sein bekanntestes Werk, „DIE BALEAREN, geschildert in Wort und Bild" nur als **ein** Titel, obgleich es zunächst in sieben großformatigen Bänden gedruckt worden ist. Diese Prachtbände, mit 50 Farbseiten, haben auf der Weltausstellung in Paris eine Goldmedaille errungen, obgleich der erste Teil, „Ibiza", das Werk eines erst Zwanzigjährigen ist.

Rund 15 seiner Bücher befassen sich mit Mallorca und den Balearen und gerade diese haben zum großen Teil Neuauflagen in Spanisch oder Katalan erlebt. Die Mehrzahl seiner weiteren Werke beschreibt andere Gebiete am Mittelmeer, das er jahrzehntelang mit seinen Yachten „Nixe 1" und „Nixe 2" durchkreuzt hat, aber auch so ferne Gegenden wie Los Angeles und Australien. Alle Biographien betonen das ruhelose Herumstreifen des Erzherzogs von Ort zu Ort, das nur zeitweilig durch längere Aufenthalte auf Mallorca unterbrochen wurde. Erst nach 1909 ist er überwiegend auf Mallorca geblieben.

Für Leser deutscher Sprache ist gewiß die zweibändige Ausgabe der „Balearen" am interessantesten. Diese „kleinen Balearen" haben immerhin noch ein Format von 255 x 290 mm. Der erste Band enthält 488 Seiten und 281 Schwarzweiß-Illustrationen und der zweite 452 Seiten mit 305 Illustrationen. Der Inhalt ist eine mit teutonischer Genauigkeit durchgeführte Bestandsaufnahme aller Baleareninseln, entsprechend dem Status in der zweiten Hälfte des vergangenen Jahrhunderts. Die Beschreibung reicht vom geologischen Aufbau über Flora und Fauna bis zur Schilderung von Sitten und Gebräuchen der Einwohner. Es folgen genaue Berichte über die Land- und Forstwirtschaft, Jagd und Fischfang, Industrie und Handel, Behörden, Steuern und Verkehrsverhältnisse vor hundert Jahren.

Im Bericht über Palma sind alle bedeutenden Bauwerke beschrieben, aber auch das Leben der Palmeser. Im „Speciellen Theil" folgt dann eine umfassende Schilderung der Landschaften und Orte mit Hinweisen auf wichtige Gebäude und geschichtliche Ereignisse. Das alles ist reich illustriert und eine schier unerschöpfliche, wenn auch nicht fehlerfreie Fundgrube für alle Verfasser von Mallorca-Führern.

Die Mallorquiner haben den Erzherzog bereits zu seinen Lebzeiten mehrfach geehrt und ausgezeichnet und die Bedeutung seines Schaffens für ihr eigenes Selbstverständnis durchaus erfaßt. Deshalb sind in den letzten Jahren mehrere Ausgaben der „Balearen", teils vollständig, teils abschnittweise in spanischer Sprache erschienen und auch von anderen Büchern des Erzherzogs hat es Neuauflagen gegeben. Er gilt auf der Insel als Pionier für Natur- und Landschaftsschutz und Bewahrer alter, überlieferter Werte, aber auch als Wegbereiter für den Tourismus.

Von den 2.000 Exemplaren der Originalausgabe der „Kleinen Balearen" sind heute, nach zwei Weltkriegen, nur noch wenige Bücher vorhan-

Ludwig Salvator
Nach Foto
He.

den und vor dem wirtschaftlichen Abenteuer einer Neuauflage sind bislang noch alle Verleger zurückgeschreckt. Der umfangreiche Text, oft in altertümlichem Amtsdeutsch, gespickt mit Fachausdrücken in kastilisch-spanischer oder katalanisch-mallorquinischer Sprache, ist ja keine leichtverkäufliche Touristenlektüre.

Vermutlich hat Ludwig Salvator auch nicht alle langatmigen Ausführungen, etwa über „Behörden, öffentliche Anstalten, Einnahmen und Ausgaben", eigenhändig verfaßt. – Es ist kaum vorstellbar, daß sie aus der gleichen Feder stammen sollten, wie die begeistert-empfindsamen Texte über die Halbinsel Na Foradada, die fast den poetischen Rang der „Sommerträumereien am Meeresufer" erreichen. Das ist ein Spätwerk des Erzherzogs, der Betrachtung der Natur an der Foradada-Küste gewidmet. Hier zeigt sich Ludwig Salvator als schwärmerisch-romantischer Naturfreund. Für ihn hatte die Betrachtung und Bewunderung der Naturschönheiten, sowie ihr Schutz, eine fast religiöse Bedeutung. Viele Olivenhaine an der Nordküste sind von ihm vor dem Abholzen gerettet worden. Auf seinen ausgedehnten Besitzungen im Bereich von Miramar durfte kein Baum geschlagen werden. Er ließ jedoch zahlreiche Miradors errichten, Aussichtspunkte die aus dem Wald herausragen, damit man die malerische Küstenlandschaft bewundern kann, aber auch Reitwege, mit denen er die Berge westlich von Miramar leichter zugänglich gemacht hat. – In seinen jungen Jahren war der Erzherzog sehr gut zu Fuß, später jedoch recht korpulent und eher ein Reiter als ein Wanderer.

Eine ziemlich phantastische Wanderung führt von Valldemossa auf dem Camí de S'Arxiduc (Weg des Erzherzogs) bis zum Teix oberhalb einer 900 m hohen Felswand, mit einem Blick über Deiá zu den höchsten Bergen der Insel. Ich habe sie in meinem Band 3 ausführlich beschrieben. Heute führt sie durch das SECONA-Naturschutzgebiet von Son Moragues.

Ludwig Salvator hat ja die Mallorquiner bereits vor hundert Jahren zum Schutz ihrer Natur aufgerufen, Besucher aus aller Welt, Maler, Schriftsteller, Fürsten und sogar die Kaiserin Elisabeth von Österreich, seine Kusine „Sissy", empfangen und auf die Schönheit Mallorcas aufmerksam gemacht. In seiner Zeit reisten jedoch nur die Happy Few. Als Wegbereiter des Massentourismus sollte man ihn nicht sehen. Vor den zerstörenden Folgen hätte er gewiß gewarnt.

Ich möchte auch die Großzügigkeit erwähnen, mit welcher der Erzherzog als Anreger und Mäzen gewirkt hat. Besonders bekannt ist seine Unterstützung des französischen Geologen E. A. Martell bei der Erforschung der Cuevas del Drach, jenen Tropfsteinhöhlen in Porto Christo, welche den größten bekannten unterirdischen See enthalten. Er hat viele Gelehrte als Mitarbeiter beschäftigt und Forscher, Schriftsteller und Künstler, die sich mit Mallorca

Gespensterhafte Ölbäume

beschäftigt haben, beherbergt, angeregt und auf vielerlei Weise unterstützt. In den letzten Jahren wurde sein Wirken, aber auch sein „kleines Herzogtum" an Mallorcas Nordwestküste mehrfach vom Deutschen Fernsehen vorgestellt.

Heute finden wir im Bereich von Valldemossa drei kleine Ludwig-Salvator-Museen: In der Karthause ist ihm ein Raum gewidmet, in Son Moragues befinden sich Reste des von ihm eingerichteten „Museo Balear" sowie eine Sammlung von Gemälden und Fotos aus seinem Besitz. Das alles ist jedoch in keinem guten Zustand, obgleich heute Touristen massenweise mit kleinen Eselwagen zum Paella-Essen nach Son Moragues gekarrt werden.

Ernst zu nehmen ist dagegen das Ludwig-Salvator-Museum in Son Marroig, dem letzten Wohnsitz des Erzherzogs auf Mallorca. Dort betreut es Isabel Ribas, eine Nachfahrin seines Sekretärs Antonio Vives. Dieses Museum habe ich in meinem Buch beschrieben. Wahrscheinlich ist es aber leichter, das Wirken des Erzherzogs zu verstehen, wenn man seine Texte liest und dann auf seinen Spuren das ursprüngliche Mallorca entdeckt. – Es ist ganz erstaunlich, was man da noch antrifft. –

PALACIO FORMIGUERA

Das Haus, in dem Ludwig Salvator in Palma gewohnt hat

An einem schönen Sommertag des Jahres 1867 hat der junge Erzherzog erstmals Mallorca besucht. Er kam mit dem Postschiff von Ibiza, wo er bereits Informationen für den ersten Band seines Werkes „DIE BALEAREN, geschildert in Wort und Bild" gesammelt hatte. Damals war er erst 20 Jahre alt und reiste unter dem Pseudonym „Ludwig, Graf von Neudorf". Mallorca, die größte Baleareninsel muß ihn so beeindruckt haben, daß er den Entschluß faßte, auch über sie ein Buch zu schreiben. Er kam deshalb 1871 wieder und mietete, diesmal unter seinem wirklichen Namen, Wohnräume mit Meeresblick in dem schöngelegenen Palacio Formiguera.

In den „Balearen" berichtet er über diese Zeit: *„Für die Unterkunft von Fremden ist auf Mallorca wenig gesorgt. Der Fremdenzufluß ist ein äußerst geringer. Landleute kehren bei Bekannten ein und reichere Leute in ihre Posadas oder in jene von Bekannten. Selbst in Palma gibt es keine Hotels im eigentlichen Sinne des Wortes, es existieren nur Casas de Huespedes, die viel zu wünschen übrig lassen, einige Gasthäuser unter dem bescheidenen Namen Casa de Pupilos (Pension) und Pensionen bei Privatpersonen."*

Gewiß hat der Erzherzog während seiner Streifzüge durch Mallorca meist bei Bauern oder im Hause gastfreundlicher Dorfpfarrer übernachtet, aber als Basis für einen längeren Studienaufenthalt schien ihm der Palacio Formiguera besser geeignet. In seiner sehr umfassenden, detaillierten Schilderung der Altstadt von Palma schreibt er:

„Wenn wir die Calle de la Portella hinab verfolgen, finden wir rechts das einfache Haus des Conde de España, links das Haus Formiguera mit einem alten Vortritt mit

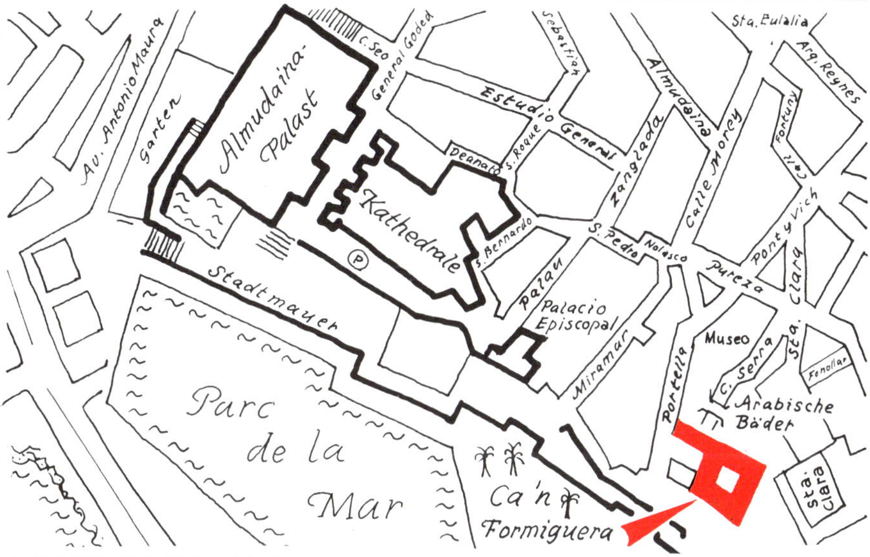

sculptirten Sparren am Alero. Ein Rundbogeneingang führt in den Hof, den eine von achteckigen Pfeilern getragene Halle schmückt. Gegen die Muralla zu, von der das Haus durch ein Gärtchen getrennt wird, hat es einen bedachten Thurm. Rechts auf dem steilen Plätzchen vor der Portella ist das Haus des Marquez de la Torre, ein kräftiger Bau, der auf die Muralla stösst, mit einer Escarpemauer und grossen Balcons mit Eisengittern. Das Innere weist grosse, sehr hohe, reich mit Bildern geschmückte Säle auf. Dieses und das Haus Formiguera sind zu den am besten gelegenen Häusern Palma's zu zählen."

Zum besseren Verständnis ist hier nachzutragen, daß der Erzherzog mit „Muralla" die Stadtmauer gemeint hat, die auch heute noch auf der nach Süden gelegenen Seeseite der Altstadt vorhanden ist und mit „Portella" jenes kleine Stadttor, das heute von der Calle Portella zum Parc de la Mar führt. Der Palacio Formiguera besteht aus mehreren uneinheitlichen Baukörpern, durch welche die Calle Serra, wie durch ein Tor zu den nahen arabischen Bädern führt. Der Eingang liegt in der Calle Serra Nr. 9.

Man tritt durch einen Torbogen in den Innenhof mit seiner zentralen Stützsäule. Gleich links, in einem dunklen Gewölbe, das wohl einst als Stall für die Reittiere gedient haben mag, befindet sich heute eine Bildhauer-Werkstatt. Im Hof ist eine Tafel mit einem religiösen Text angebracht und über einem Treppenaufgang erkennen wir, als Steinfigur, den heiligen Josef und darunter den Text „MERCEDES AÑO 1882". Wappen schmücken Wand und Säulen.

Rechts führt eine breite Treppe zu den historischen Prunkräumen, vorbei an einer Tür. Hinter dieser Tür wohnt Pepa, die Concierge. Wer nun die historischen Räume des Palastes besichtigen will, muß bei Pepa klingeln und um eine Führung bitten. Wer ganz sicher sein will, daß Pepa auch zu Hause ist, kann sich telefonisch über 71 23 60 mit ihr verabreden. Pepa spricht Spanisch und Französisch.

Hier bietet sich die seltene Gelegenheit, einen alten, mallorquinischen Adelspalast einmal von innen zu betrachten. Die historischen Räume sind freilich nicht diejenigen, in denen Ludwig Salvator gewohnt hat, sondern die Repräsentationsräume mit dem Ahnengut der Familie Formiguera. Der Erzherzog hat dieses Thema nur allgemein behandelt:

„In den meisten Häusern findet man einen geräumigen Vorsaal, Antesala, meist mit grossen geschwärzten Bildern, Cadires de Repòs, Spiegeln mit Kerzen und einigen Buffets oder alten Arquillas geschmückt; da derselbe eine viel höhere Decke als die anstossenden Zimmer hat, so gewährt er im Sommer einen trefflichen Aufenthalt. Einige Häuser enthalten eine Reihe sehr schöner und wirklich luxeriös eingerichteter Enfiladen, mit Gobelins, Damast- und Sammet-Tapeten behängt und mit häufig werthvollen Bildern, sowie einem wahren Schatz von alten, namentlich Renaissance-Möbeln geschmückt. Von der Decke hängt ein Glasleuchter herab, mallorquinisch Araña ode Salamó genannt. In den Schlafzimmern stehen grosse Himmelbetten, manche reich sculptirt, und daneben meistens ein gepolsterter Lehnstuhl (Cadira en Brassos). Auch andere Zimmer sind öfters mit derartigen gepolsterten Stühlen (Cadiras encuxinadas) ausgestattet; theilweise sind nur die Sitze, theilweise auch die Lehnen mit Seide, Sammet, Damast oder Wolle überzogen. Diese Prachtzimmer werden jedoch meist als Ahnengut nur für Empfänge, Feste etc. reserviert, indem die Hausbewohner sich mit den niedrigeren, zur Winterzeit dafür aber auch viel wärmeren Entresuelos begnügen. Manche haben ein kleines Gärtchen, wo allerhand Blumen und semitropische Gewächse in Hülle und Fülle gedeihen. Was könnte nicht aus diesen Gärtchen mit nordischer Blumenliebe geschaffen werden!"

Was Sie heute im Palacio Formiguera besichtigen können, entspricht weitgehend dieser allgemeinen Beschreibung. Hier sieht es noch so aus, wie vor Jahrhunderten, als sich Damen mit Reifröcken und Herren mit Allongeperücken um die wärmenden Braseros gruppiert haben, jene schönen Messing-Kohlenbecken, mit deren Glut man damals die hohen Räume zu heizen suchte. – Die Entfernung vom hinteren Raum bis zur Veranda mit Meeresblick beträgt 70 m! –

Der Erzherzog dürfte jedoch in den oberen Räumen gewohnt haben. Der Palacio Formiguera wurde in seiner Grundform bereits um 1231 durch den Grafen Santamaria de Formiguera erbaut, der kurz zuvor mit Jaume I., dem Eroberer nach Mallorca gekommen ist. Der Hof des Ge-

bäudes weist gotische Elemente auf, wie sie in Spanien noch während der Renaissance verwendet worden sind, aber auch Renaissance-Elemente. Jahrhunderte haben an diesem Palast gebaut.

Während über Generationen guter Grafen de Formiguera nur wenig bekannt geworden ist, ist der Bauernschinder Don Ramón de Formiguera als Conde Maló in die Geschichte und Sagenwelt Mallorcas eingegangen. Nachdem er, neben anderen aufmüpfigen Männern, auch den ehrenwerten und tatkräftigen Baltasar Calafat, aus Santa Maria, ermorden ließ, mußte er sich auf seine Finca Galatzó flüchten. Das schöne Herrenhaus der Finca Galatzó trägt noch heute das Wappen der Formigueras. Diese Finca liegt auch jetzt noch recht einsam zwischen wilden Schluchten, die zu den Bergen Esclòp und Galatzó hinaufführen. Der Legende nach soll der ruchlose Bösewicht noch immer, in mondlosen Nächten, auf seinem schwarzen Streitroß an jenen Felsabhängen herumspuken.

In diesem geschichtsträchtigen Palast Formiguera, im Herzen der Altstadt von Palma, gleich neben der Ruine der arabischen Bäder, hat also der junge Erzherzog gewohnt und gearbeitet. Von seinem Arbeitszimmer konnte er weit über die Bucht von Palma schauen, während vom nahen Kloster Santa Clara die Glocken herüber läuten. Von hier aus ist er zu seinen Entdeckungsfahrten über die Insel aufgebrochen, bevor er sich 1872 in Miramar niedergelassen hat.

Das Leben der Mallorquiner zur Zeit Ludwig Salvators

Besuch im Museums-Gutshof SA GRANJA nahe Esporlas beim km 16 der C-III

Die Bewohner Mallorcas sind heute so gekleidet, wie andere Europäer auch. Trachten werden nur bei folkloristischen Tanzvorführungen getragen oder in Restaurants, die eine mallorquiner Ambiente bieten wollen. Es gibt aber einen Ort, wo man von dem ursprünglichen Mallorca, so wie es der Erzherzog beschrieben hat, noch vieles sehen kann. In seinen „Balearen" hat Ludwig Salvator SA GRANJA als idyllischen Landsitz geschildert:

Nach La Granja führt von Esporlas ein Fahrweg durch ein ziemlich schmales Thal mit grossen Mandelstein-Felsblöcken. Tief im Thale, am Rande des Flusses, wächst Pfahlrohr, während Eichen, Pappeln und astreiche Nussbäume sich über das Flüsschen neigen. Das Klappern einer Wassermühle ist hier hörbar, während dieselbe nicht sichtbar ist, da sie von zahlreichem Gebüsch umgeben ist, und an der Mühle selbst ranken sich Weinstöcke empor. Das Thal erweitert sich nun etwas und wird am Ende durch kleine baumreiche Anhöhen abgesperrt. In der Mitte desselben, von einem grossen Garten getrennt, erhebt sich das Haus La Granja, welches zur Zeit der Mauren eine Alqueria war und Alpich genannt wurde. Gegenwärtig gehört es D^n Jorge Fortuñy y Sureda, der mit seiner Familie die Sommermonate in dieser prachtvollen Einsiedelei verbringt. Die leichte Bauart des Hauses von La Granja steht im Einklang mit der angenehmen Umgebung. Eine schlanke Bogenhalle befindet sich auf der Frontseite, und vor derselben liegt der wirklich bezaubernde Garten. Dem Eingange gegenüber breiten über einen Platz fünf alte Melia Azedarach mit starken Wurzeln ihre Aeste aus, so dass hier unter dem Schattendach ein angenehmer Aufenthalt ist. Ein breiter Bogen mit Stufen bildet

den Eingang zu einer Halle mit flachen Bogen, die von ionischen Säulen gestützt werden. In der Hofmitte befindet sich ein Brunnen. Das Innere ist einfach, aber wohnlich und die Aussichten überaus schön und lieblich. Von der Granja führt ein ziemlich guter Weg nach Bañalbufar.

Der Zauber von SA GRANJA scheint mir hier nur recht unvollkommen wiedergegeben. Man erfaßt ihn am leichtesten, wenn man an einem heißen Sommertage durch die ausgedörrte Landschaft anreist, im kühlen Schatten der hohen Platanen parkt und das Wasser der großen Fontäne plätschern hört. Ringsum strahlt frisches Grün, während sonst überall auf der Insel Hitze und Trockenheit eine Vegetationspause erzwungen haben. Hier rauschen aus mehreren Quellen Wasserströme von Felswänden herab, sprudeln mit dünnen Strahlen in Goldfischbecken oder tröpfeln von Mooszöpfen in Brunnen und kleine Teiche.

Da gibt es Wasser im Überfluß. Es läßt Frauenhaarmoos und Farnkräuter zwischen feuchten Felsen sprießen und rieselt in einer künstlichen Tropfsteinhöhle von der Decke. Es gibt sogar einen Teich, einen Bambushain und rebenumkränzte Laubengänge, Rosen, Orangen, Nispelbäume, Pfauen, Gänse und seltsame Hühnervögel, aber auch eine Reihe von Weinfässern, aus denen sich Besucher nach Lust bedienen können – gegen ein kleines Entgelt, welches den Besuch des Museums und den Genuß von „Bunyols" (köstlichen, warmen Kartoffelkrapfen, die in Zucker gewälzt werden) einschließt.

Mir gefällt SA GRANJA am besten vormittags, wenn an ruhigen Wintertagen nur wenige Besucher durch die Räume wandeln. Nachmit-

tags dagegen kommen viele Busse – besonders im Sommer. Dann findet hier ein folkloristischer Rummel statt, mit Eselreiten und Würstchenschnappen sowie Volkstänzen. – Falls Sie soetwas mögen oder Kindern einen Mordsspaß bereiten wollen, sind Sie nachmittags richtig! – Sie können dann auch einigen „Vorführhandwerkern" bei der Tätigkeit zuschauen. Vormittags sind nur die Werkstätten und Geräte zu besichtigen.

Bereits wenn man den weiten Vorhof betritt, trifft man meist auf einige Mallorquinerinnen in traditioneller Tracht. Die hat der Erzherzog so beschrieben:

Trachten der Mallorquiner.

Die Einwohner von Mallorca sind im Allgemeinen schöne und wohlgestaltete Leute. Die Männer haben meist nur eine mittlere Grösse und sind mager, aber gut gebaut, ihr Gesicht ist knochig, scharf markirt und häufig etwas zu breit, ihre Haare sind meist dunkelbraun, die Augen schwarz oder dunkelgrau, die Nase mittelgross und die Mundwinkel scharf ausgeprägt. Unter den Jünglingen machen sich manche durch das Feuer ihrer Augen bemerklich, während die Greise ein ehrwürdig mildes Aussehen annehmen. Die Frauen sind schlank, zierlich, haben aber selbst im jugendlichen Alter einen etwas schwellenden Unterleib. Dunkle Haare sind vorherrschend, blonde und rothe gehören zu den Ausnahmen, die Augenbrauen sind scharf gekennzeichnet, der Mund gross, aber wohlgeformt. Die Frauen unterscheiden sich sehr in den verschiedenen Theilen der Insel. Manche zeigen die ganze Zartheit und den entzückenden ätherischen Duft spanischer Schönheiten, andere sind täuschend Französinnen ähnlich.

Les Canèfores de Pollença

Una Parella de Pagesos

Die Trachten der mallorquinischen Bauern sind eigenthümlich. Die Männer tragen die Haare kurz, nur die alten Bauern lassen die Silberlokken lang herabwellen. Der Bart wird ganz abrasiert. An Feiertagen tragen die älteren Leute schwarze Hüte aus Wollfilz, die einem breitkrämpigen Cylinder gleichen, oder auch halbkugelförmig gestaltet und weich sind, in welch' letzterem Fall sie von einer Schnur mit Quasten oder von einem Bande umwunden werden. Im Sommer werden Hüte aus Palmito getragen. Unter der Kopfbedeckung trägt man ein über den Kopf geschlagenes, hinten festgeknüpftes Tuch (dasselbe ist aus Cattun oder Seide und meistens von blauer Farbe), dessen Zipfel über den Nacken herabhängen. Sie wissen das Tuch mit grossem Geschick umzulegen, so dass dasselbe häufig wie eine aufrechte, den Kopf überragende Mütze erscheint und auch die Stelle einer solchen vertritt. Mancher ältere wohlhabende Bauer trägt statt des Tuches auf dem Scheitel eine kleine schwarze Wollmütze (Barett), die lebhaft an das geistliche Zucchetto erinnert. Ueber das einfache weisse Hemd zieht man eine Weste mit kleinen Knöpfchen auf jeder Seite, die im Sommer fast beständig offen bleibt, im Winter dagegen trägt man eine Weste mit Aufschlägen, die bis oben geschlossen wird, und darüber eine kurze Jacke, Jâc genannt, welche im Winter aus dunklem Tuch oder Merino, für den Sommer aber aus Baumwolle, Leinen oder Llista gemacht ist. Sie hat nach oben einen spitzen Ausschnitt, die engen Aermel sind mit zugeknöpften Schlitzen versehen. In einigen Gegenden windet man eine farbige wollene oder kattunene Binde (Faxa) um den Leib.

Den auffallenden Theil der Tracht bilden die Hosen. Es sind breite Pumphosen nach Art der levan-

tinischen, nur noch viel umfangreicher; sie bestehen aus baumwollenem oder leinenem Stoff und Sonntags bei den reichen Bauern aus Seide; unten sind sie mit einer Schnur oder Band am Gürtel mittelst einer durch eine Scheide gezogenen Schnur befestigt. Ihre Farbe ist blau und weiss, bald hell- und dunkelblau gestreift.

Die Tracht der Frauen ist weit zierlicher als die der Männer. Sie haben die Haare nach hinten gekämmt und in einen Zopf geflochten, der über den Rücken hinabhängt. Ein weisser Schleier bedeckt den Kopf und umrahmt das Gesicht. Er heisst Volant, wenn er geschmeidig, sich mehr dem Halse anschliessend und vorn abgerundet ist, Rebosillo dagegen, wenn er steif gestärkt und glokkenförmig gegen die Schultern erweitert ist und auf der Brust in eine Spitze ausläuft. Diese Schleier werden aus durchsichtigem Tüll oder baumwollenen Stoffen, auch aus Seide gefertigt und zuweilen gestickt. In den beiden Grundformen giebt es aber eine Menge kleiner Modificationen, die sich je nach der Mode oder dem Geschmack des Einzelnen bemerkbar machen. An Sonn- und Feiertagen werden reichere, für gewöhnlich aber und im Hause bei der Arbeit einfachere Schleier getragen. Wer Trauer hat, trägt auf dem weissen Rebosillo einen kleinen schwarzen, ebenfalls von durchsichtigem Stoffe. Die Mallorquinerinnen tragen fast alle den sog. Gipó, ein enges, schwarzes Mieder, welches die Schlankheit des Wuchses vorteilhaft hebt; derselbe ist vorn offen und wird durch Nadeln geschlossen. In einigen Ortschaften sieht man auf dem Rücken eine Falte in der Mitte, in anderen deren zwei gegen die Schulterblätter laufende. Der Gipó hat enge Aermel, die in der Regel nicht über die Ellbogen hinausreichen; dies ist namentlich bei den Bäuerinnen der Fall; die wohlhabenderen Bewohnerinnen der Ortschaften haben auch längere Aermel. Stets sind die Aermel des Gipó nach unten mit einem Seitenschlitz versehen und hier durch drei Paar aneinander geketteter Knöpfe geschlossen; sie lassen die Manschetten der Hemdärmel hervortreten, welche ebenfalls mit einem Paar Manschettenknöpfen geschlossen sind und mit den Knöpfen des Gipó zusammen eine Reihe bilden, die man Botonada nennt. Bei der Arbeit ziehen sie Ueberärmel aus Baumwollstoff darüber. Röcke werden von den Bäuerinnen zwei getragen: der Unterrock, Enâgos, und der Oberrock oder Faldetas. Dieselben werden meistens aus verschiedenartigen und verschieden gefärbten Stoffen zusammengesetzt; in dieser Form heisst sie Copiñat; der untere Theil besteht gewöhnlich aus Wollenstoff, der obere aus Cattun.

Die Reicheren tragen an Feiertagen jetzt meistens einen weissen Unterrock, oft mit Stickerei verziert, und darüber den Kleiderrock aus modernen Stoffen. Schürzen werden allgemein getragen; die eine Art, Devantal genannt, ist ziemlich breit und bei den Reicheren bisweilen aus Seide. Eine andere, Cañom, dient als Arbeitsschürze. Die Arbeiterinnen und Bäuerinnen tragen selbst im Winter, den Sonntag ausgenommen, keine

Dreschplatz

Strümpfe (Calsas). Die Bemittelteren sind damit aber durchweg zu allen Jahreszeiten bekleidet. Die Schuhe sind an den Wochentagen vielfach von ungewichstem Kalbsleder und an den Sonntagen schwarz gewichst.

Echte, alte Kostüme kann man im Museum des Klosters Lluc bewundern, aber was wir in SA GRANJA sehen, wirkt auch ganz kleidsam. Der Rundgang führt zunächst eine Rampe hinauf, vorbei an alten Akkergeräten und Vorführwerkstätten. Dann steigt ein Treppchen hinunter zu einem kleinen Barock-Gärtchen mit Springbrunnen und künstlicher Tropfsteinhöhle. Vermutlich haben einmal Hecken oder Blumen zwischen den gepflasterten Gartenwegen gestanden, die sich im Rokoko-Stil schlängeln. SA GRANJA hat im 18. Jahrhundert seine heutige Form erhalten. Aus jener Zeit dürfte die Grundform dieser romantischen Gartenanlage stammen. –

Über ein Mäuerchen können wir in ein schattiges Tal hinabschauen, wo eine kleine Brücke über ein Bächlein führt, danach treten wir in das Obergeschoß ein. Hier gibt es Räume mit alten Möbeln und Gerätschaften, aber auch einen Vorführsaal für Regentage. Man kann auf der Galerie um den Innenhof spazieren, dann geht es wieder über die Rampe abwärts, zum Rundgang durch das Erdgeschoß. Hier sind in den ersten Räumen Geräte für die Weinbereitung und zum Destillieren von Branntwein ausgestellt.

Aus diesen niedrigen, dunklen Räumen treten wir dann in eine große hohe Tafona, die der Erzherzog wie folgt erklärt hat:

Zur Oelbereitung hat man auf Mallorca eigene Fabriken, Tafonas, welche, wenn auch in einer noch sehr primitiven Weise, alles Nöthige für die Gewinnung dieses für die Insel so wichtigen Products enthalten. Fast jedes Gut, welches grössere Oelbaumpflanzungen hat, enthält eine Tafona, die einen Theil vom Hause des Besitzers einnimmt. Es giebt auch solche, die für viele kleine Besitzer arbeiten oder deren Benutzung diesen kleinen Besitzern für ein oder zwei Tage in der Woche freisteht, was in Folge eines gewöhnlich von Alters her gemachten Uebereinkommens gegen eine bestimmte einmalige Geldentrichtung geschieht. Die Erhaltung des Gebäudes fällt den verschiedenen Mitbesitzern zur Last, die sich auch oft vereinigen, um Einer dem Andern in der Arbeit der Oelbereitung behülflich zu sein.

Die Tafonas sind meist ziemlich grosse Räume, denen die Vorrathskammern (Greners) für die allmählich eingesammelten Oliven eingeschüttet werden. Wie begreiflich, müssen darunter die so aufgehäuften Oliven leiden, und die Qualität des Oels verschlechtert sich dementsprechend, namentlich bei kleinen Besitzungen, wo die Oliven, da man nur selten Oel presst, solange liegen müssen, bis man eine genügende Menge eingesammelt hat, nicht selten zwei, drei Wochen, manchmal auch über einen Monat. Bei den Besitzungen dagegen, die täglich Oel pressen, werden die Oliven schneller verbraucht und haben daher nur kurze Zeit zu liegen. In den Tafonas mittlerer Grösse hat man zwei Greners, in grösseren mehr, so zählt man in Massanella vier Greners. Unsere Abbildung stellt das Innere einer Tafona dar. Was zuerst unsere Aufmerksamkeit auf sich zieht, ist das eigentliche Mahlwerk (Es Truy), das zum Zerquetschen der Oliven dient. Es liegt an dem einen Ende der Tafona, häufig in einer abgesonderten Abtheilung derselben. Zuerst werden die Oliven in Sanayas aufgenommen und in die Tramutja geworfen, eine Art pyramidaler Holzkiste mit einem Quetschstein, der, wie das ganze Mahlwerk Truy genannt, mittelst eines Balkens von einem Maulthier in Bewegung gesetzt wird. Beim Drehen fallen die Oliven aus dem Tramutja in die darunter gelegene Mola und Submola und werden auf derselben leicht zerquetscht, dann in ganz flache Körbe aus Spartgras, die sogenannten Esportins, gefüllt und nach dem Pressplatz getragen.

Die Esportins schichtet man zu einer Säule übereinander, welche mit dem Namen Truyada bezeichnet wird. Eine Truyada besteht ungefähr aus 60 und noch mehr Esportins; je frischer die Oliven sind, um so mehr kann man verwenden. Sobald man einen Esportin setzt, giesst man auf denselben siedendes Wasser, um die Ausscheidung des Oeles zu fördern. Wenn die Truyada gebildet ist, lässt man auf dieselbe die Biga, einen grossen Balken aus italienischer Pinie, mit einem mächtigen Stein beschwert, sich herabsenken, um sie zu pressen. Ist dies geschehen, so hebt man abermals die Biga, bringt die Esportins auf dem Emportinador und begiesst den Olivenbrei abermals mit siedendem Wasser, so dass auf diese Weise zwei Cassadas (Begiessungen mit siedendem Wasser) für jeden Esportin zur An-

Truy aus Masanella

wendung kommen; dann wird abermals die Biga herabgesenkt.

Das mit dem Wasser gemischte Oel, welches von den Esportins abfliesst, wird durch eine unterirdische Leitung (Siquia), deren Mündung sich beim Bassi, auf dem die Truyada ruht, befindet, zu dem Safareix des Triá genannten steinernen Sammelbecken geführt. Hier schwimmt das Oel an der Oberfläche und das Wasser fliesst aus einem Rohr, das unten an demselben angebracht ist, in ein zweites, tiefer gelegenes Becken und geht solange fort, bis in dem ersten Becken ganz reines Oel zurückbleibt. Auf dieselbe Weise verfährt man mit dem zweiten Becken, um das noch mit dem Wasser übergetretene Oel zu gewinnen.

Das Pressen mit den Bigas, das die Mallorquiner von den Arabern, bei denen es noch heutzutage gang und gäbe ist, ererbten, ist noch allgemein auf Mallorca gebräuchlich; doch man hat seit einigen Jahren auch hydraulische Pressen eingeführt. Diese Pressen liefern mehr Oel, aber nach Ansicht der mallorquinischen Landwirthe nicht von so guter Sorte, so dass man ihren Gebrauch mit dem der Biga verbindet, indem die erste Pressung mittels der Biga, die zweite mittels der hydraulischen Presse geschieht. Gewöhnlich beträgt die Zunahme der Oelgewinnung mittels der hydraulischen Presse fast 8 Procent.

Hier, in SA GRANJA, sehen wir keinen Biga-Balken mehr, sondern die damals modernere, hydraulische Presse. In den anschließenden Räumen sind weitere alte Handwerksgeräte ausgestellt. Die meisten waren in ähnlicher Form, in früheren Zeiten, auch in Deutschland gebräuchlich. – Überhaupt muß es bereits im 15. Jahrhundert recht gute Verbindungen von Deutschland nach

Mallorquinische Möbel

Mallorca gegeben haben. Nicolás Calafat, aus Valldemossa, hat ja bereits 1485, also 17 Jahre nach dem Tode Gutenbergs, auf Mallorca sein erstes Buch gedruckt! – Da muß er vorher das Setzen und Drucken erlernt und die Lettern sowie die Druckpresse hierher transportiert haben! – Sie ist noch in Valldemossa zu sehen.

Die nächsten Räume zeigen Spinnräder und viele andere Geräte zur Herstellung von Fäden, dann folgen Webstühle, auf denen auch die traditionellen mallorquiner Leinenstoffe gewebt werden. – Zur Erholung geht es dann wieder durch den Garten und über Bach und Brückchen. Unter schattigen Bäumen ist ein Kohlenmeiler aufgeschichtet, auf einer jener runden Steinflächen (Sitges), die dem Wanderer in Mallorcas Wäldern immer wieder begegnen. In einem Gehege stehen Schafe und in einer Suhle wälzen sich einige Schweine jener Art, die hier in den Steineichenwäldern die Eicheln vom Boden frißt.

Es geht nochmals zurück ins Haus, in Räume im Untergeschoß, wo alte Haushaltsgeräte um eine Mehlmühle stehen, vorbei an einem alten Sitzkamin. Aus einem dunklen Maultierstall hat man ein „Gruselkabinett" gemacht, indem man billige Nachahmungen mittelalterlicher Schwerter und einen Morgenstern an der Wand befestigt hat. „Folterkammer!" sagen die Besucherinnen. In einer Ecke duftet Johannisbrot, das noch heute auf Mallorca als Viehfutter Verwendung findet – denn Wiesen gibt es nur an wenigen Stellen! Ein großes Mahlwerk wurde einst von einem Esel in Gang gehalten.

Mallorquinische Haus- und Küchengeräte

Tritt man aus dem letzten Raum, so steht man im Sprühregen einer großen Fontäne, die eine Höhe von 15 m erreicht, allein durch den Wasserdruck der höhergelegenen Quelle. – An einem Bambushain vorbei gelangt man in den Park, mit seiner von Bänken umrundeten Vorführfläche, mit einem Pfauenhaus, Rosen, Nispel- und Organgenbäumen. Ich habe diesen wunderschönen Ort zu allen Jahreszeiten besucht, im Herbst, wenn die Platanen ihre Blätter abwerfen, im Winter, wenn sich die Frauen im Hof am offenen Feuer wärmen und im Sommer, wenn man aus der trockenen Hitze in die feuchte Kühle von SA GRANJA taucht. Er hat mich immer wieder bezaubert. – Kein Wunder, daß er bereits den Mauren gefallen hat und später, mehr als 200 Jahre lang, den Zisterziensermönchen!

Wer auf der C-710, an der Nordwestküste entlang, von Banyalbufar nach Valldemossa fährt, trifft nach halber Strecke auf die Abzweigung der C-111 nach Esporlas. Von dieser Abzweigung fährt man nur noch einen Kilometer nach SA GRANJA.

Die geheimnisvolle Höhle von Portals Vells, mit Relikten aus dem 15. Jahrhundert.

Der Erzherzog berichtet in seinen „Balearen":

Das Cap Cheslet, im Süden mit der Cala de Portals abschliessend, zeigt künstliche Höhlen, durch Steinbrüche hervorgerufen, mit quadratisch geformten Mündungen. Aus diesen Steinbrüchen sind auch die Steine für die Domkirche von Palma genommen. Die eine Höhle hat vorn zwei Riesenpfeiler. Weil sie drei Portale hat, wird sie Cueva Portals genannt. In ihr befand sich früher das Bildnis der Mare de Deu de Portals. Dasselbe soll vom Patron eines genuesischen Handelsschiffes, welcher Mutter-Gottes-Statuetten an Bord führte und sein Leben, sowie sein Schiff den Gefahren auf dem Meere durch den Sturm ausgesetzt sah, dort aufgestellt worden sein, und zwar um die Mitte des 15. Jahrhunderts, um welche Zeit der Handel zwischen Mallorca und Genua besonders lebhaft war. Anfänglich waren nur Fischer Verehrer des Bildnisses, später aber verallgemeinerte sich der Kultus bei den Einwohnern Calviás und der anliegenden Ortschaften. Sicher ist, dass später eine neue grössere Nische (Camarín) geöffnet wurde, oberhalb welcher sich eine Guirlande mit einem Wappenschild der Familie des Dr Guillermo de Rocafull befindet. Letzterer war von 1558 bis 1571 Gouverneur der Insel. Aus letzterem Umstande folgert man, daß das Camarín zu dieser Zeit erbaut worden ist. Die neue Nische scheint aber für das Bildniss nicht genügend sicher gewesen zu sein, weshalb später ein genau viereckiges Loch in den Felsen für einen Altartisch gehauen und das Bildniss in einer anderen besseren Nische aufbewahrt wurde. Letzteres, eine marmorne Statuette, war in einem Glasschrank eingeschlossen und durch ein eisernes Gitter am Eingang der Nische geschützt. Der Kapellenraum hatte ein hölzernes verschliessbares Gitter. An der Bedachung der

Höhle hing eine Oellampe. In der Kapelle ist eine Almosenbüchse aufgestellt. Kirchenbesuch und Andachtsübungen wurden vom Volke ohne Mitwirkung des Clerus gepflegt. Mit der Zeit wurde als Volksfesttag der Sonntag nach Ostern eingeführt, wozu eine Anzahl Familien aus der Umgegend zur Andacht zusammenkamen. Sie bereiteten dort ihr Mittagsmahl, und Nachmittags begann der übliche Tanz. Wenn die Fischer Oel brauchten, so liehen sie es sich häufig von der Kapelle, um es dann in reichlicherer Menge zurückzugeben.

Einmal löste sich von der Wölbung der Höhle ein Felsblock und stürzte herab, und ein anderer war nahe daran, herabzufallen. Das Bildnis wurde daher im Jahre 1863 provisorisch in die Pfarrkirche von Calviá gebracht. Mittelst durch Collecten aufgebrachter Gelder wurde die neue Kirche von Portals erbaut. Man sieht gegenwärtig in der Cueva de Portals noch das in Rohbau hergestellte Kapellchen und zwei Seitenkapellen in der Wand, die, wiewohl aus der Renaissancezeit stammend, mich lebhaft an indische Bauten erinnerten. Die eine Kapelle zeigt ein Christuszeichen und ein Wappen mit Sonne, Mond, Krone, Engeln und phantastischen Blumen. Die andere Kapelle ist kleiner; sie enthält eine Nische in Renaissancestyl, an deren Seiten zwei Vasen stehen. Durch zwei Pfeiler wird die erste Höhle gestützt; dann folgen die eingestürzten Felsen und eine andere Höhle mit losen Felsblöcken im Vordergrunde, während im Hintergrunde noch eine große Höhle besteht, welche zwei riesige, dunkle Räume aufweist. In diese Höhlen flüchten gern die Fischer bei Sturm und Regen. Im Sommer herrscht dort eine wahre Flohplage.

Portals Vells ist heute eine beliebte Badebucht – aber das Innere der leicht zugänglichen Höhlen sieht noch immer genau so aus, wie es der

Erzherzog vor hundert Jahren geschildert hat. Hier haben sich seit fünfhundert Jahren die seltsamen, naiven Altäre so erhalten, wie sie Seeleute und Fischer aus dem Kalkstein geschnitzt haben. – Die Besichtigung der schönen Bucht mit dem alten Wachtturm Torre des Moro, den seltsam ausgewaschenen Sandstein-Wänden und der Cova de la Mare de Déu (Höhle der Mutter Gottes) lohnt sich gewiß und ist ein interessanter, kurzer Ausflug für jede Jahreszeit – besonders für Leute mit fahrbarem Untersatz.

Bei dem Kreisel am Ende der C-719, dort, wo der Zubringer zur Autobahn Palma Nova-Palma beginnt oder endet, wählen wir die Abfahrt mit dem Schild „Cala Figuera 9 km". Wir lassen die Abzweigung zum Casino links liegen und folgen der Straße geradeaus. Links von der Straße breitet sich ein sumpfiges Gelände aus, in dem früher die Salinen des Salobar gelegen haben. Heute wird es mit Bauaushub aufgeschüttet. Unsere Straße führt auf den Turm des alten Gutshauses Porrassa zu und umrundet das Gut mit einer Linkskurve.

Hier steht ein altes Propeller-Flugzeug, das zu einem Restaurant gehört. Bis hierher kann man auch mit einem Bus fahren, der Santa Ponça mit Magaluf verbindet. Gleich hinter dem Flugzeug zweigt rechts eine Straße ab, die nach El Toro führt. Wir jedoch fahren geradeaus auf eine Hügelkette zu, erst zwischen zwei Golfplätzen hindurch, dann durch lichten Kiefernwald.

An einem alten Steinhaus bietet ein nach links abzweigender, ungepflasterter Fahrweg die erste Möglichkeit, zur Cala Portals Vells (Schild „Restaurant Playas el Mago") hinunter zu fahren. Einfacher ist es jedoch, der Straße noch einen Kilometer zu folgen und erst dann auf eine breite, asphaltierte Urbanisationsstraße links abzubiegen (Schild „Restaurante Es Repòs 1 km, Playa Portals Vells"). Unten biegen wir rechts zu einem Parkplatz ab, der zum Strandrestaurant Es Repòs gehört.

Von dort sehen wir, auf der gegenüberliegenden Seite der kleinen Bucht, bereits drei rechtwinklige Eingänge der Höhle Cova de la Mare de Déu. Sie ist über einen schmalen, steinigen Pfad in etwa fünf Gehminuten erreichbar. Vom Pfad genießt man den Ausblick auf das klare, türkisfarbene Wasser, den hellen Strand und die seltsamen Auswaschungen in den gegenüberliegenden, hellen Küstenfelsen. Am Nordrand der verzweigten Bucht wird ein kleiner Hafen von neuen Häusern überragt. Der alte Wachtturm auf der Punta de S'Estaca steht auf Privatgelände.

Unterhalb der Höhleneingänge liegt eine kurze Felsspitze, in der sich nochmals eine kleine, niedrige Höhle befindet. Die große Beliebtheit dieser herrlichen Badebucht, bei den Palmesern, kann man an der Menge des herumliegenden Picknick-Mülls erkennen. Besonders an Sommer-Sonntagen ist es hier recht überlaufen.

Tritt man jedoch durch den ersten Höhleneingang, so verläßt man irgendwie die Gegenwart und taucht in dunkle, längst vergangene Zeiten. Ich stelle mir die Szene vor, als hier im 13. Jahrhundert arabische Gefangene die Steine für die Kathedrale von Palma aus den Höhlenwänden gebrochen haben. Einige wenige Soldaten konnten sie bewachen und kontrollieren. – Was mag sich wohl in diesen tiefen, dunklen Kammern bei Fackelschein alles abgespielt haben?

Gleich rechts vom Eingang stehen die drei Altäre, die noch genauso aussehen, wie Ludwig Salvator sie beschrieben hat. Noch immer gibt es die rohgemauerte Nische mit der eisernen Gittertür und dem Altarsockel, links davon den kleinen Renaissance-Altar mit Engeln- und Blumen-Ornamenten und rechts der Nische, gleich am Höhleneingang, den großen, dekorativen Altar mit seinem Wappen, darunter ein großer, bärtiger Kopf, umrandet von vielen Ornamenten einer naiven Volkskunst. – Vielleicht gelingt Ihnen eine Deutung der seltsamen Formen. Manche Rundung trägt, bei näherem Hinsehen Augen und Nase. Neben dem Wappen sind Sonne und Mond klar erkennbar, ebenso eine Vase und viele Ranken und Blüten. Aber was bedeuten die runden Scheiben mit den „drehenden" Ornamenten? Vielleicht wollte der Künstler die Flächen einfach mit dekorativen Formen füllen? –

Es muß wie im ersten Akt beim „Fliegenden Holländer" ausgesehen haben, als sich die genuesischen Seeleute bei tobendem Sturm erst in die Bucht von Portals Vells und dann in die Höhle geflüchtet haben. – Während dann ein Teil der Besatzung mit der Reparatur von Masten, Takelage und Segel beschäftigt war, dürfte sich einer der Männer, vielleicht ein Steinmetz, auf Anweisung des Patrons an die Arbeit gemacht haben. Er schlug den ersten Altar aus der recht glatten Wand, um eine Möglichkeit zum Aufstellen der Mamor-Statue zu schaffen. Denn, daß nur die Madonna Schiff und Leben aus den wilden Fluten gerettet hatte, stand für die Genuesen fest. – Und nun galt es, sich dankbar zu erweisen.

Wenn man jetzt weiter in die Höhle eindringt, sieht man links die Steinblöcke liegen, die von der Decke gestürzt sind und einen Schweinehirten samt Herde erschlagen haben sollen. Der Boden ist uneben und senkt sich nach hinten zu tiefen Kammern. Einige Felspfeiler haben die Steinbrucharbeiter vor 600 Jahren stehen lassen, um das Höhlendach zu stützen.

Je nach Tageszeit und Sonnenstand dringt mehr oder weniger Licht in die Höhle. Mitunter reicht das Tageslicht, welches durch die vier großen Eingänge dringt, zur Beleuchtung der hintersten Ecken aus. Bei hohem Sonnenstand, im Sommer, ist es dagegen gut, eine Taschenlampe mitzuführen. Die Kammern dürften Weiten von 50 m erreichen. Man erkennt deutlich, wo einst die Quadern aus dem Fels geschnitten worden sind.

Wir müssen ein wenig über die herabgestürzten Felsblöcke turnen, um durch den hinteren Höhlenausgang wieder auf den Fußweg zum Auto zu gelangen. Von diesem Weg zweigt links ein steiniger Ziegenpfad ab, auf dem man auf die Höhe der Punta des Xislet (oberhalb der Höhle) vordringen kann. Bequemer ist es jedoch, bei der Rückfahrt über eine links abzweigende Urbanisations-Straße auf die Höhe des Kaps zu fahren. Von oben hat man eine Aussicht über die ganze Bucht von Palma. Links liegt Magaluf und Palma Nova vor der Höhe der Serra Na Burguesa, vorn im Meer das Eiland Illa del Sec und auf der anderen Seite der Bucht ragt fern der Berg von Randa.

Rechts kann man zum Leuchtturm auf dem Cap de Cala Figuera hinübersehen und in diese Richtung führt auch ein Bergpfad an der steilen Klippe entlang. – Klettern Sie bitte nicht da hinunter! Der Pfad ist mit kleinen, runden Steinchen bedeckt und außerdem schräg. – Wenn Sie dort ins Rutschen kommen, geht es 40 m tief hinunter – und unten sind scharfe Felsen! Mit dem Auto können Sie jedoch noch bis zur Cala Figuera vordringen. Dahinter liegt ein Sperrgebiet. Ansonsten müssen Sie auf der gleichen Autostraße zurückfahren, auf der Sie gekommen sind. Sie können sich jedoch später entscheiden, ob Sie über El Toro nach Santa Ponça fahren oder dem Casino, in Sol de Mallorca, einen Besuch abstatten wollen.

Die faszinierende Schnorcheltour um Na Foradada und der Besuch von Son Marroig

Jeder Fels und jede Klippe mit einem Loch heißt auf Mallorca „Sa Foradada". Keine jedoch läßt sich mit der Felshalbinsel vergleichen, die unterhalb von Son Marroig ins Meer vorspringt. Schon von weitem gut sichtbar, war sie das Wahrzeichen der Besitzungen Ludwig Salvators, gleich ob man über die Straße oder das Meer angereist ist.

Der Erzherzog muß diese bizarre Halbinsel sehr geliebt haben, denn er hat der Foradada-Küste ein eigenes kleines Büchlein gewidmet „SONNIS D'ESTIU RAN DE MAR". Es ist eines der wenigen Werke, die er in katalanischer Sprache geschrieben hat. Es gibt aber auch eine deutschsprachige Version „Sommerträumereien am Meeresufer". In diesem romantisch-poetischen Büchlein hat er seine Empfindungen beim Blick in das belebte, blaue Wasser geschildert und die Gedanken, die ihm beim Anblick von Wolken, Wellen, Küstenfelsen und Meerestieren so durch den Kopf gegangen sind.

Wie ganz anders würde dieses Büchlein aussehen, wenn der Erzherzog die Unterwasserwelt so hätte betrachten können, wie es uns heute möglich ist – wenn er über eine Tauchmaske und Schnorchel oder Atemgerät hätte verfügen können! – So konnte er nur am Felsenstrand „beobachten, zuhorchen und schauen":

„Manche unterseeischen Felsen sind förmlich mit Seeigeln austapeziert. Man sieht sie schon aus der Ferne, namentlich wenn die Sonne scheint und das ruhige Meer durchsichtig ist, wie ein Kristall, wie sie sich in ihrer dunkelvioletten Färbung von den gelblichen Felsen abheben und erscheinen, wo zerstreuter, wie ein unten im Meer ausgebreitetes Pantherfell. Sie scheinen angeklebt zu sein und selten nur sieht man einen oder

den anderen von einer Aushöhlung zur nächsten, benachbarten ziehen. Manchmal sind sie in diesen Aushöhlungen der Felsen so verkrochen, daß man Mühe hat, sie aus ihrem Schlupfwinkel herauszuziehen. Sie leben gesellig. Manche Felsen sind ihrer ganz frei, bei anderen dagegen wimmelt es von ihnen.

Seesterne rühren sich in der Tiefe und die Aktinien entwickeln ihre Farbenpracht, wahre Blumen des Meeres. Da auf einen Felsen angelehnt bin ich häufig stundenlang gesessen und habe in die Tiefe geblickt. Wie häufig habe ich die Menschen bedauert, die behaupten, sie langweilten sich, sie hätten angeblich nichts zu tun. Ist das Betrachten der Natur nicht eine genügende, nie zu erschöpfende Beschäftigung? und dabei welch erhabenes Gefühl, welche Bewunderung für den Schöpfer all dieser Wunder!

Eine leichte Brise fängt an zu wehen, das glatte Meer kräuselt sich und diese ganze Wunderwelt bleibt dem spähenden Auge verschlossen!"

Auch in seinen „Balearen" hat er der Foradada einen schwärmerischen Text gewidmet:

Die Foradada sa bona nennen sie die Fischer, denn, weit vorspringend, gewährt sie an der schutzlosen Küste auf der einen oder anderen Seite kleinen Barken einen momentanen Schutz. Man kann auch westlich von derselben ankern, wobei man vor Ost- und Nordostwinden geschützt ist, dem Nord, Nordwest und West aber ganz ausgesetzt bleibt, so dass es nur bei ganz schönem Wetter im Sommer gerathen ist, hier vor Anker zu liegen.

Die Foradada besteht gleichsam aus zwei Theilen: aus einem niedrigen Vorsprunge, der zu einer Art von tiefem, abgerundetem Sattel (Coll) herabsinkt, aus dem man auf die Torre de Deyá und das Cap Gros blickt, und aus der hohen Masse des durchbrochenen Felsens, der, aus dunkelröthlichen Conglomerat-Massen bestehend, mittelst einer starken Wand den Ausgang zum Estar gegen das wildtobende Meer schützt und die Playola der Foradada bildet. Bei einer kleinen Hütte und einer Aushöhlung des Gesteins befindet sich der Ausgang zum Felsen der Foradada, wo man erst mühsam hinaufklettern muss. Die Aussicht ist eine der schönsten, die man von hier auf das nahe Miramar geniesst. Der hintere, niedrigere, rükkenartige Vorsprung der Foradada, welcher auch eine kleine Cocó-Quelle, wo sich das Regenwasser ansammelt, aufweist, wird von einem Wächterhäuschen überragt und besitzt gegen Soller zu geneigte Schichtungen. Am Ufer desselben, gegen den Guix zu, kommen hinter der Playola grosse Felsblöcke, und dann bilden vorstehende Felsen vom Berg gegen das Meer zu eine breite, lange Höhle mit Sand in ihrem Grunde, Sa Cova del Sal benannt. Hier herrscht zur Sommerzeit die herrlichste Kühle, und man lauscht gern dem sanften Plätschern des Meeres, das im Winter die Wellen so hoch hinaufwirft, dass das Wasser in den Aushöhlungen des Gesteins verbleibt und im Sommer Salz hinterlässt, welches die Frauen der nahen Anhöhen manchmal hier sammeln. Nach dieser Höhle kom-

La Foradada

men zwei grosse Felsen, dann steile Wände mit herabgerollten Steinen am Fusse und der tiefe Coll, der die Halbinsel der Foradada mit der steilen Küste verbindet, neben welchem ein guter Reitweg zu dem hochgelegenen Son Marroix hinaufführt.

Viele Punkte der Küste Mallorca's sind schön und wild, kaum aber einer bietet so viel malerische, unbelauschte Schönheiten, wie dieser. Um die ganze wilde Pracht der Foradada kennen zu lernen, muss man an einem Nachmittag bei Meeresstille, wenn der Schatten auf die dunkle Aushöhlung tiefer herabgesunken ist und der über dem Loch der Foradada nistende Fischschadler kreischend die Lüfte durchkreist oder einen silberglitzernden Fisch zu seinem Horste hinaufbringt, mit dem Boote die Halbinsel entlang fahren. Dann hört man das Jauchzen der grossen Silbermöwen, die wie stille Schildwachen auf den Felsenspitzen stehen und sich in der Abendsonne letzten Strahlen sonnen und harfenähnliche Töne ausstossen: ein Bild des friedlichen, zufriedenen Nichtsthuns. Die Welle kost das bemooste Ufer, wo die grossen Mayas umherkriechen, oder fällt plätschernd von einem kaum emportauchenden Riff zurück. Wir sind im Schatten und geniessen die labende Kühle, das Boot schlüpft zwischen dem Riff und den steilen Wänden hindurch, von deren Grossartigkeit man von oben keine Ahnung hat. Doch still jetzt: Die Ruder treiben kaum den Kahn, und man biegt um die Spitze der mächtigen Halbinsel. Welch ein Anblick! Hunderte von Cormoranen, die sich da sonnten, fliegen empor, tauchen nieder und hüpfen im Wasser, Schaaren von Puffinen ergreifen den Flug, Tausende von Mauerschwalben umkreisen zischend nach allen Richtungen die Felswände. Ein förmliches Gewühl hat die unerwartete Erscheinung des Bootes in der Vogelwelt hervorge-

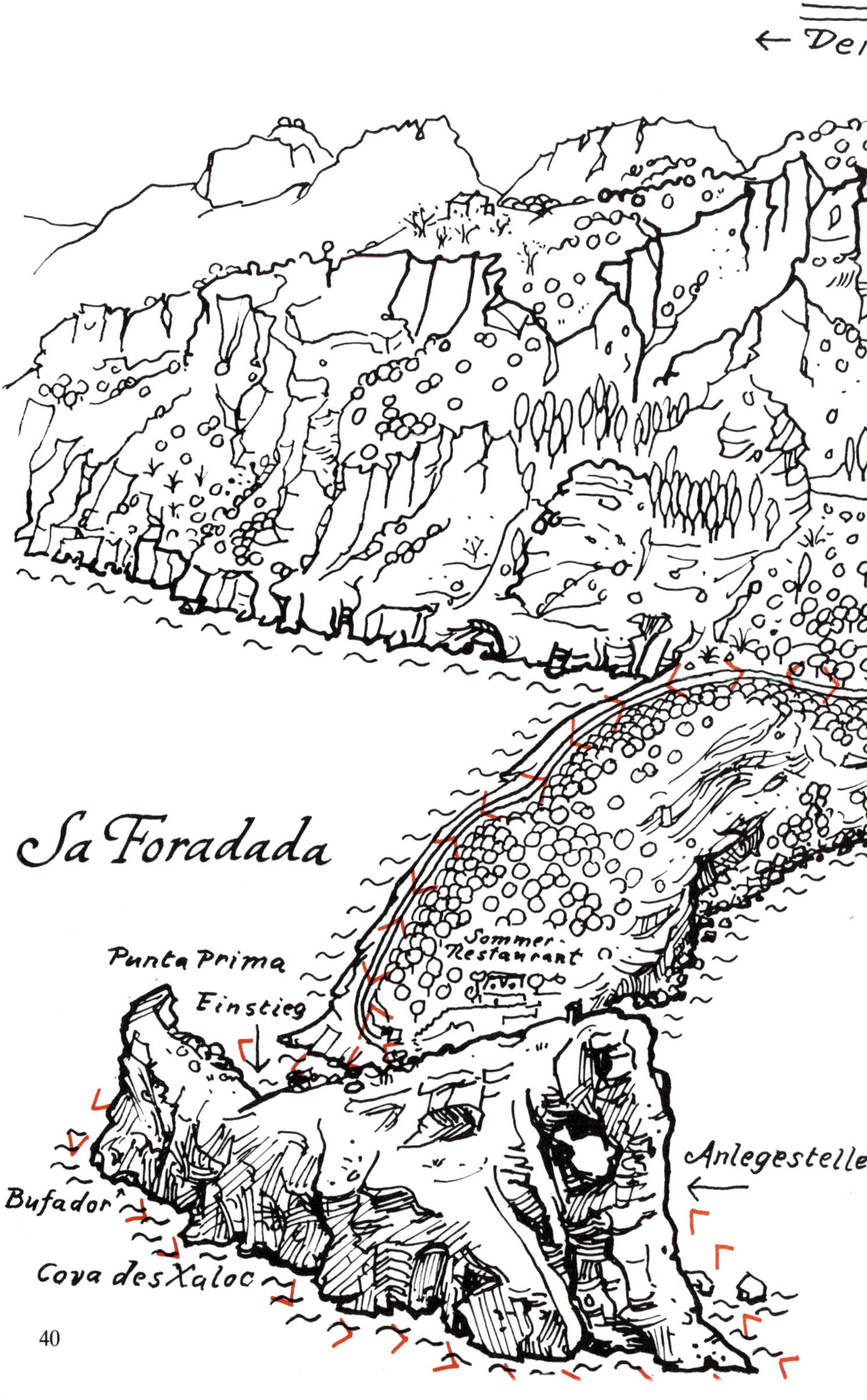
← Dei
Sa Foradada
Sommer-Restaurant
Punta Prima
Einstieg
Anlegestelle
Bufador
Cova des Xaloc

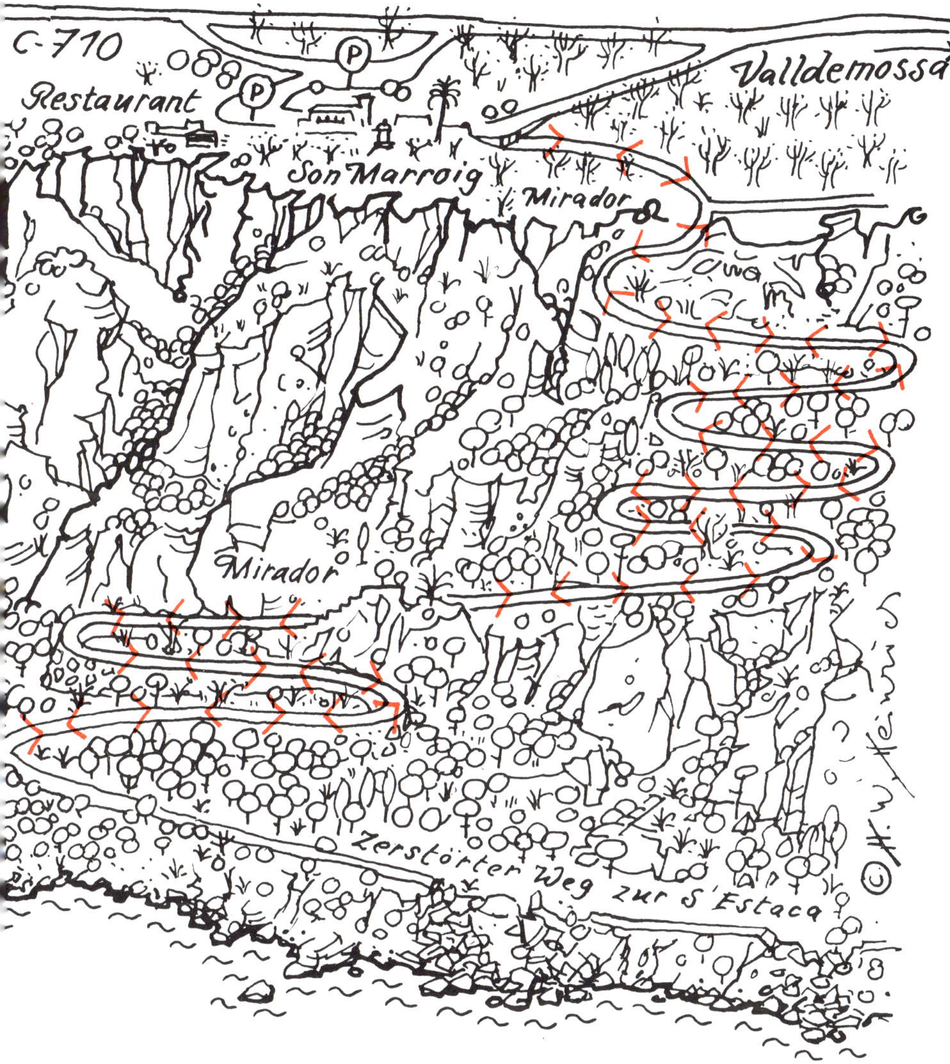

Die Schnorcheltour um die Felshalbinsel Sa Foradada

rufen. Es ist ein Gejauchze, ein Geschrei, ein Plätschern von Wogen ohne Ende. Selbst die friedlichen Tauben fliegen verscheucht von Höhle zu Höhle, welche sich wie luftige Dome über uns ausbreiten. Nur die Silbermöwen bleiben still auf ihren Felsenwarten, als wären es Marmor-Statuen, auf den rothen Felsen aufgesetzt.

Bleibt man aber einen Moment still, so hört man zuerst nur das Tröpfeln der Meerestropfen, die von den Rudern auf die Fläche niedergleiten, dann aber beleben sich phantasmagorisch die scheinbar verlassenen Felsenwände. Aus jedem Loche blickt ein vorsichtiger, furchtsamer Cormoran mit seinem grauen Köpfchen hervor, oder alte erfahrenere strecken ihren langen Hals aus dem durch ihre Excremente weiss geränderten Gesimse der Felsen, andere tauchen aus der Fluth empor und verstecken sich in den Seehöhlen, bis endlich auch die entferntesten mit schweren Flügelschlägen zurückkehren, da sie sehen, dass ihnen keine Gefahr droht. Alle nehmen ihr Alltagsleben wieder auf, und selbst der Adler schreit zufrieden von seinem Horste. Zieht man von der vorspringenden, den Sporn eines Panzerschiffes ähnliche Spitze weiter, so trifft man eine Reihe von Seehöhlen, kleine und grosse, welche das Meer einschlürfen und in die man mit dem Boot hineinfahren kann. Es sind zwei riesig grosse, gleichsam feuchte, gothische Dome und von einem Kranze von Zoophyten und Seetang umgeben, für welche die stets zerstörende Welle eine Art Stufen ausgewaschen hat; eine wahre Nereidenbank, wo man sich an Sommertagen auf einem Algenbett gern ausstreckt und hinab in die Tiefe schaut, wo die Aktinien sich öffnen und die Napfschnekken sich anschmiegen, die Seeigel und Seestern ihre Heimath haben. Endlich erweckt das Schnaufen einer Robbe, die mit ihren grossen gutmüthigen Augen uns anglotzt, uns aus solchen Träumereien.

Die Foradada bildet gegen Osten ein Cap, hinter welchem sich die Einbuchtung des Coll darbietet; hier befindet sich der im Sturm weittönende Bufador.

Nun, die reizvolle Wanderung zur Foradada und die Besteigung des Felsens mit dem großen Loch habe ich bereits in meinem Wanderführer Band 3 beschrieben, aber was mir noch fehlte war ein persönlicher Eindruck von der Meerseite mit den Grotten, wie ihn der Erzherzog so begeistert geschildert hat. Wie schön mußte es sein, an einem warmen Sommertag, bei ruhiger See, mit einer Tauchmaske angetan die Halbinsel schwimmend zu umrunden! –

Am 22. August war die Situation reif. Wir sind so früh aufgestanden, daß wir bereits um 9.30 Uhr unser Auto im Schatten von Son Marroig parken konnten, also nahe km 66 der C-710. Wir kletterten über die dafür vorgesehenen Sprossen, rechts vom Gittertor, und wanderten dann auf dem Panorama-Reitweg knapp 50 Minuten abwärts. Tief unter uns, in der glatten See konnten wir zwei Fischerboote beim Einholen der Netze beobachten. Sie wurden von Rudern getrieben, wie zur Zeit des Erzher-

zogs. Alles wirkte so ruhig, daß wir hoffen konnten, unten ganz allein zu sein, wie bei unseren Wanderungen im Winter. – Aber, wer hatte wohl die frischen Autospuren auf dem Reitweg hinterlassen? –

Unten, dort wo der Fahrweg auf dem Sattel endet, stand dann auch ein Landrover in dem ehemaligen Stall für die Reittiere und in der Nähe ein anderes Auto. Nun, wir haben uns trotzdem im Reitstall zum Schwimmen umgezogen und ich nahm Maske, Schnorchel und Flossen unter den Arm. Da wir die Felsspitze von Osten nach Westen umrunden wollten, sind wir vom Sattel, vor der eigentlichen Foradada, rechts zum Meer hinuntergeklettert. Wir wußten ja, daß es an der Westseite eine Bootsanlegestelle gibt, bei der man mit Sicherheit wieder an Land gelangen kann. Laut Karte mußte die Schwimmstrecke etwa 600 m betragen.

Der Abstieg über die Felsblöcke in Plastiksandalen, statt Bergstiefel, war etwas ungewohnt, aber nach der Überwindung des ersten Absatzes unkompliziert. Unten, in der Felsbucht, habe ich dann die ABC-Ausrüstung angelegt und meine Plastiksandalen im Beutenetz um den Hals gehängt – und dann ging es ab!

Die phantastischen Felsformen der Foradada setzen sich auch unter dem Meeresspiegel fort. Immer wieder zog es deshalb meine Augen vom Blick in die blaue Tiefe zu den Felswänden über mir. Gleich dort, wo ich ins Wasser plumpste, saßen einige braunrote Seescheiden sowie rote Aktinien und Seeanemonen an den Felsen, aber nachher kamen eigentlich nur die üblichen Seeigel, Purpurschnecken und Lippfische. – Gewiß werden diese dem offenen Meer zugekehrten Felswände bei Sturm von den Wellen leergefegt. In geschützten Buchten halten sich stets mehr Tiere und Pflanzen. –

Zunächst senken sich die Felsen, links von uns, nur gemächlich vom Kamm der Foradada herab und setzen sich genauso schräg unter Wasser fort. Es gibt auch ein paar vorgelagerte Klippen, knapp 1,50 m unter dem Meeresspiegel. Aber nachdem wir die Punta prima umrundet haben, geht es links steiler hinauf und rechts, unter Wasser, steiler hinab. bis sich die Konturen der Klippen im Türkis-Schimmer verlieren.

Wann kommen eigentlich die vom Erzherzog beschriebenen Grotten? Aha! da ist ja bereits ein erstes Gröttchen und kurz dahinter ein zweites, dessen Öffnung nur wenig über das Wasser schaut, obgleich die Grotte unter Wasser tief in die Wand einschneidet. – Heute gibt es nur ganz schwache Wellen, trotzdem dringt plötzlich aus der Öffnung ein seltsamer, dumpfer Ton. „Aha!" denke ich nochmals, „das wird wohl der Bufador sein, den der Erzherzog noch in Son Marroig gehört hat." Ich hatte mir da etwas Großartigeres vorgestellt, aber bei Sturm kann diese seltsame Wasserpfeife gewiß sehr viel lauter röhren, wenn die von unten aufsteigenden Wellen die Luft in der Höhle durch die enge Pfeif-Öffnung pressen.

Hier wölbt sich bereits die Felswand über uns, und hinter der nächsten Ecke zeigten sich tatsächlich Formen, die an gotische Kathedralen erinnern. Sie senken sich zur Cova des Xaloc, - einer wirklich tiefen Grotte. Ich schwimme ganz bis zum Ende in die enge Finsternis. Das Meer ist heute so ruhig, daß ich nicht einmal mein Tauchermesser zücken muß, um mich von den Seitenwänden fern zu halten. Als ich mich ganz am Ende umdrehe, erlebe ich plötzlich den „Blaue-Grotten-Effekt". Draußen scheint die Sonne auf die hellen Klippen und reflektiert durch das türkisfarbene Wasser zur Decke der Grotte. Auf dieser liegt ein seltsam schimmernder, blauer Glanz und das Wasser leuchtet magisch – wenn man **von oben** darauf schaut. Durch die Maske, **von unten** betrachtet, erscheint dem Taucher alles viel normaler. Er sieht nur die dunklen Seitenwände und die Gruppen von dunklen, sehr seriös blickenden Fischen vor hellem Türkis.

Ich muß jetzt erst einmal 50 m ins freie Meer hinausschwimmen, um jenen Abstand von den Felswänden zu gewinnen, der allein einen Überblick ermöglicht. Die hohen Felswände bestehen aus gelb-rötlichem Konglomeratgestein, aus dem Tropfsteingebilde quellen. Sie ähneln mehr jener Felswand, an der wir oben, hinter der zweiten Serpentine des Reitweges, vorbei gekommen sind, als den Felsformen auf der Südseite der Foradada. Wo die Felsen ins Meer tauchen, gibt es noch ein paar weitere kleine Grotten und dann nochmals eine tiefere. Das ist wohl die, in welche der Erzherzog mit dem Boot hineinfahren konnte.

Ich schnorchle nochmals um einen Vorsprung und schaue dann nach oben, dorthin wo helle Strahlen, wie Scheinwerfer aus dem Fels zu dringen scheinen. Dort dringt die Sonne durch das große Loch in der Foradada, wie durch ein gewaltiges Fenster, und blendet mich. Ich muß mein Auge erst wieder umgewöhnen, ehe ich die tiefe Rille erkenne, die links von dem Felsloch herabläuft zu einer kleinen Grotte. Die muß wohl der Erzherzog gemeint haben, als er schrieb:

„Die Felsen bilden in der Stirn der Foradada eine tief eingeschnittene Spalte, in welche das Meer und die Sonne eindringt. Fährt man mit einem kleinen Boot hinein, so ist die Kammer ganz kobaltblau. Das Licht dringt durch eine andere Öffnung durch das blaue Meerwasser in dieselbe, ähnlich wie bei der weltbekannten blauen Grotte. Die schwimmenden Fische glitzern wie Silber und silbern ist auch die Spur, die sie hinter sich lassen. Die Wände sind von Fukoiden austapeziert, bald alabasterfarbig, bald ockerrot und ein betäubender Seegeruch strömt aus jeder Höhlung heraus, in welche sich das Meer zu gießen scheint. Kommt man wieder heraus, so ist man vom Sonnenlicht derart geblendet, daß man glaubt, das Gesehene sei ein Traum, der schon verträumt ist und man wäre gesonnen, wieder hineinzufahren, um sich zu überzeugen, ob es Traum oder Wirklichkeit war."

Ganz gewiß, variieren diese Eindrücke auch abhängig von Jahreszeit, Wetter, Sonnenhöhe und dem eigenen Gemütszustand. – Das Vogelleben, so wie es der Erzherzog beschrieben hat, gibt es leider nicht mehr, wohl aber noch einige Silbermöven, die auf den Felsen hocken und zwei Kormorane, die ganz in der Nähe tauchen. – Von dem Seeadler ist nur noch das Nest übrig geblieben. Es klebt in der Öffnung der Foradada ganz oben am Fels und ist von der Südseite gut zu erkennen.

Der „Bug" der Felsspitze erscheint überraschend schmal, wenn man ihn so vom Wasser aus über sich aufragen sieht. – Von hier ist es dann nicht mehr weit, an der hellen, besonnten Seite der Halbinsel entlang, bis zum Landeplatz. – Rechts bleibt ein dunkler, halbrunder Felsen als kleines Inselchen stehen, links liegen ein paar gezackte Klippen, dann geht es auf die Anlegestelle zu.

Aber plötzlich taucht rechts ein großes Ausflugsboot auf. Ich denke, es wird hier nur vorüberfahren. Aber – oh Schreck! – es legt genau dort an, wo auch die Boote der Yacht „Nixe" des Erzherzogs gelandet sind und gewiß auch das Boot, mit dem sich Österreichs Kaiserin Elisabeth, Filmfreunden als „Sissy" bekannt, von ihrer Yacht „Miramar" an Land setzen ließ, als sie Ludwig Salvator hier 1892 und 1893 besucht hat.

Eine lange Schlange von mindestens 60 Fahrgästen entsteigt dem Ausflugsboot und windet sich auf Serpentinen zu jenem weißen Haus hinauf, das wir für das vom Erzherzog beschriebene Wächterhäuschen gehalten hatten. – Aber nein, es ist ein rustikales Restaurant, nur im Sommer geöffnet und imstande, mehr als 200 Touristen gleichzeitig die Bäuche mit Paella zu füllen. – Das Boot legt ab und fährt gleich wieder nach Port de Sòller zurück, um die nächste Ladung Paella-Esser herbeizuschaffen. Rechts von der Landestelle windet ein Angler seinen Kahn eine schräge Ebene hinauf, um ihn in einem Bootsschuppen zu vertauen.

Wir hatten uns für unsere Schnorcheltour 45 Minuten Zeit gelassen. Danach kleiden wir uns wieder an und trinken im Restaurant Kaffee, ehe wir wieder aufsteigen. Es ist bereits kurz vor Zwölf und wenn wir weiter zögern, wird die heiße August-Sonne immer stärker auf den nach Nordwesten liegenden Hang strahlen. Jetzt steigen wir die 260 m noch überwiegend im Schatten auf und benötigen dafür kaum mehr Zeit als beim Abstieg. Flossen und Maske sind im Rucksack verstaut.

Oben haben wir Zeit für den Besuch von Son Marroig, dem schloßartigen Herrenhaus, in dem Ludwig Salvator seine letzten Jahre auf Mallorca verbracht hat. Son Marroig (oder Son Marroix) ist ein wirklich altes mallorquiner Herrenhaus mit einem Verteidigungsturm aus jener Zeit, in der die maurischen Seeräuber hier eine ständige Bedrohung waren. Lesen wir die begeisterte Schilderung des Erzherzogs:

Son Marroix oder Son Mas Roix de sa Foradada, wie es in den Urkunden genannt wird, ist das am schönsten gelegene Haus Mallorca's. Die Foradada hat man hier zu Füssen. Das Haus von Son Marroix, zu welchem ein doppelter Fahrweg führt, ist, wie der Spitzbogen der Eingangshalle, ein Renaissancefenster im kleinen Hofe und der dicke viereckige Thurm bekunden, ziemlich alt. Der Ueberlieferung nach sollen hier die Mauren ihren letzten Frauenraub in Deyá ausgeführt haben. Neben dem Hause wachsen einige alte Celtisbäume, Belhombras, Eucalypten und zahlreiche Palmen. Hinter einem sehr grossen, von Palmen und Lorbeerbäumen beschatteten Abeurador, in welchen das Wasser aus einem kleinen Sefareix fliesst und sich in einen zweiten ergiesst, befindet sich ein Gärtchen mit Mammillarien und Yukkas. Von diesem gelangt man auf einer eisernen Wendeltreppe innerhalb einer Hausruine auf die von einem Marmorgeländer umgebene Terrasse des grossartigen Aujub (überdachtes Wasserreservoir). Zu diesem führt in seiner ganzen Länge eine breite Gradinade hinauf. Ein Seitenbalcon von Eisenconstruction gewährt einen Einblick in den sonst nur durch eine mittlere runde Oeffnung in der Wölbung erleuchteten Raum, in welchen das Wasser hinabrauscht. Dieses wird von einer Quelle geliefert, die etwas höher, unweit der Fahrstrasse, durch einen tiefen Tunnel fliesst und sich in einen Sefareix (offenes Wasserbecken) ergiesst. Das Schönste von Son Marroix ist sein Mirador, wo ein elegantes ionisches Tempelchen aus weissem carrarischen Marmor sich erhebt. Hier überblickt man die ganze, in grossartigem Bogen sich hinziehende Landschaft von Miramar, die Hospederia, Miramar, Son Gallard, mit dem Estretthale bis zu dem hoch emporragenden Son Rullan und dem nahen Hügel des Castellás und das zauberhafte blaue Meer. Unterhalb des

Hauses bei der grossen Sala de Ultramar finden sich Gartenterrassen und weiterhin Cactusfeigenpflanzungen. Doch wir schreiten vom Mirador nach unten weiter seewärts zwischen Felsen hindurch und gelangen nach dem Mirador de sa Foradada, einer mit guten Bänken umgebenen natürlichen Erweiterung am Saume des Felsenkammes, in dessen Mitte ein breiter Tisch steht. Der gebogene Stamm dieses Tisches stammt von einem Oelbaume. Noch schöner als von Miramar aus übersieht man hier die gesammte Foradada. Namentlich bei Sonnenuntergang, wenn der Spatz seine Stimme von den Felsenfirsten hören lässt, das Gejauchze der Seemöwen und der Cormorane ertönt und der Fischadler die Gegend umfliegt, weilt man hier gern. Das Auge ergötzt sich an den blinkenden Segelschiffen oder den dahinfahrenden Dampfern. Man vermag kaum zu fassen, wie dem Auge so viel Genüsse landschaftlicher Formen und Farbenpracht auf einmal geboten werden können, denn das Meer ist ultramarinblau und die Foradada purpurroth und wirft ihren schwarzen Schatten in die durchsichtige Fluth. Nicht minder grossartig ist der Anblick an stürmischen Tagen, wenn Welle auf Welle an dem Felsrücken brandet und machtlos in Cascaden von Schatten zurückprallt. Tief, düster, ja unheimlich ächzt der Bufador in der Felsenspalte der Foradada wie Kanonendonner, wenn er die Wellen schlürft, und nahe über uns hören wir mächtigen Flügelschlag von den Geiern im Gebirge.

Nun, der Fischadler fliegt nicht mehr um die Foradada und schwarze Geier gibt es nur noch in wenigen Exemplaren in den abgelegensten Schluchten der Serra Tramuntana, aber die zauberhafte Lage von Son Marroig ist geblieben.

Wer zwischen Valldemossa und Deiá dem Hinweisschild zum Son

Marroig folgt, wird meist auf dem Parkplatz vor dem Aussichts-Restaurant landen. Von dort sind es keine 100 m bis zu dem alten Herrenhaus, das von einem Wehrturm überragt wird. Loggia und Querflügel springen von dem langgestreckten Haupthaus vor und umschließen einen baumbestandenen Hof. Der Besuch des Museums ist an allen Wochentagen, außerhalb der Siesta, möglich. Der Eintrittspreis ist gering. Am Eingang hängen erläuternde Texte in den wichtigsten Sprachen an der Wand, dort kann man auch einige Bücher und Postkarten kaufen. – Wenn man die Eingangshalle betritt, wirkt zunächst die harmonische Architektur, der weite Korbbogen, der den Raum teilt und die beiden säulengetragenen Bögen neben dem Treppenaufgang.

Die Einrichtung besteht aus antiken, mallorquinischen Möbeln. An den Wänden hängen alte Bilder und schön bemalte Keramikteller. Man ahnt den kultivierten Lebensstil einer Epoche, in welcher das Mittelmeer das verbindende Zentrum der bekannten Welt gewesen ist – und Mallorca lag mitten in seinem westlichen Teil, zwischen Spanien und Italien, zwischen Frankreich und Afrika.

Im ersten Stock treten wir in einen Saal mit hohen Fenstern zur Seeseite. Eine große Vitrine birgt eine Auswahl der Bücher, welche der Erzherzog geschrieben hat, sowie zeitgenössische Übersetzungen. In weiteren Vitrinen steht eine Sammlung von phönizischen Tonfigürchen und antikem Schmuck, welche Ludwig Salvator zusammengetragen hat, eine andere Vitrine zeigt wunderschöne Fayence-Teller aus mosarabischer Zeit.

An den Wänden hängen so ziemlich alle Fotos, welche zur Illustration von Ludwig-Salvator-Büchern gedient haben, Original-Zeichnungen des Erzherzogs, Porträts von Ludwig Salvator, darunter eine brillante Porträtzeichnung von Gaston Vuillier, ein Porträt des Sekretärs Antonio Vives sowie reizvolle, impressionistische Landschaften von Antonio Ribas. Kurios erscheint eine anerkennende Urkunde, welche der Erzherzog bei einer Landwirtschaftsausstellung in Sòller für seine Weine und Hühner erhalten hat.

In der Mitte des Saales steht eine Porträtbüste des Erzherzogs aus neuerer Zeit, dahinter einige kostbare Möbel, an der Wand alte Tapisserien, darüber eine Kassettendecke mit Oberlicht. Eine Tür führt in einen anschließenden Raum, in dem ein großes Ölporträt des jungen Erzherzogs gemalt von Juan Pizá hängt. Von diesem Raum führt ein Ausgang auf eine Loggia, welche einen herrlichen Ausblick bietet.

Hinter einer verschlossenen Tür verbirgt sich ein Konzertsaal, welcher erst von den jetzigen Eigentümern ausgebaut worden ist. Hier finden im Winter Kammerkonzerte statt, meist sonntags um 19 Uhr. Junge Künstler aus aller Welt spielen klassische Musik. Auskunft erteilt Sra. Isabel Ribas über Tel. 63 19 58 in Spanisch oder Französisch.

Der Camí de Mar existiert nicht mehr.

Zur Besichtigung frei steht auch der Garten mit dem grazilen, jonischen Marmortempelchen. Ein Blitz hat es im November 1985 stark beschädigt.

Dem empfindsamen Besucher von Son Marroig wird der eigenartige Zauber dieser grandiosen Küstenlandschaft nicht entgehen. Es ist jedoch anzumerken, daß dies alles bei Morgennebel, Sturm oder Abendrot Steigerungen erlebt, die der flüchtige Reisende nicht erhaschen kann. Die „Sommerträumereien am Meeresufer" sind die Summe von Beobachtungen, die Ludwig Salvator im Laufe vieler Jahre gesammelt hat.

Aber vielleicht merken Sie sich auch nur, daß es im Sommer am Dienstag, Samstag und Sonntag möglich ist, mit Ausflugsbooten von Port de Sóller zur Foradada zu gelangen (Tel. 632061). Das ist eine unkomplizierte Gelegenheit, wenn man nicht gut zu Fuß ist. Für unternehmungslustige Wanderer, die nach Militärkarten durch die Gegend ziehen, möchte ich noch darauf hinweisen, daß der auf allen Karten noch eingezeichnete Fahrweg von der Foradada zur Estaca in seinem unteren Teil ins Meer abgerutscht und schlicht nicht mehr vorhanden ist. Man muß also ganz unten, über dem Meer durch die Felsblöcke krabbeln und überall, wo man wieder versucht, auf den lehmigen Hang hinaufzusteigen, wird es gefährlich, weil alle Steine locker im Lehm stecken und auch von oben jederzeit weitere Blöcke nachrollen können. Von dieser Passage muß ich abraten!

Die bequeme Küstenwanderung zur romantischen S'Estaca und der Bucht mit den Fischerhütten

Die Wanderung entlang dieser traumhaft schönen Küste kann man selbst im Sommer unternehmen, denn die Strecke ist meist schattig und es gibt mehrere Bademöglichkeiten. Zur Anfahrt: Wenn man von Valldemossa in Richtung Andratx fährt, kommt man 800 m vom Ortsende entfernt an die Rechtsabzweigung nach Deyà und gut 200 m weiter zu der Abzweigung „6 km Port de Valldemossa". Von hier führt die gute Asphaltstraße 1131 zunächst meerwärts, zum Rand einer fruchtbaren Hochebene, dann schlängelt sie sich an dem alten Herrenhaus Son Mas (de Valldemossa) vorbei, um sich gleich dahinter, am Steilhang eines Felskessels entlang, über viele Serpentinen zum Meer hinunter zu stürzen.

Son Mas ist ein imponierendes Gebäude mit seinem alten Wehrturm, der einst den maurischen Piraten den Aufstieg nach Valldemossa verwehren sollte. Der Kessel besteht auf der gegenüberliegenden Seite aus zerklüfteten Steilwänden, aber auch hier, wo unsere Straße hinab führt, müssen sich Kiefern, Steineichen und gelbblühender Stechginster an die Steilwände klammern und viele Serpentinen werden von hohen Mauern gestützt. Tief unten am Meer erkennen wir, fast 400 m unter uns, die winzigen Häuschen des Port de Valldemossa.

Die Beifahrer können den grandiosen Anblick gewiß besser genießen, als der Fahrer, dessen ganze Aufmerksamkeit voll von den Spitzkehren in Anspruch genommen wird. Kurz vor dem Kilometerstein 4 sehen wir rechts ein grünes Tor. Auf seinem rechten Pfeiler steht „S'Estaca FONT FIGUERA". Hier beginnt unser Weg. – Die Kurve ist so ausladend, daß genügend Parkraum für drei Autos bleibt – auch wenn man ein zweites, hölzernes Tor nicht verstellt. Das

Wegstrecke: Wahlweise 2 oder 3 Stunden hin und zurück

Steigungen: Knapp 100 m Abstieg und Wiederaufstieg zur Caló de S'Estaca (nicht unbedingt notwendig)

Anfahrt: Mit dem Auto bis kurz vor Port de Valldemossa

grüne Tor ist verschlossen, aber neben dem linken Pfeiler haben freundliche Menschen eine Passage für Wanderer frei gelassen. Unser Weg führt in fast gleichbleibender Höhe etwa 100 m über dem blauen Meer entlang. Rechts ragen die bewaldeten Küstenfelsen dreihundert Meter über uns auf. Sie werden vom 867 m hohen Sa Talaia Vella überragt.

Kiefern und Steineichen säumen den ungepflasterten, ebenen Weg, auf dem man ganz ausgezeichnet laufen kann. Im Mai blühen hier rosafarbene Zistrosen und flammender Stechginster, aber auch viele andere Pflanzen. Bereits nach 15 Minuten erreichen wir das würdevolle Posessionshaus Font Figuera. Hinter seinem „Privado-Tor" windet sich eine kleine Privatstraße zum Meer hinunter. Wir wandern weiter geradeaus durch ein mit Mandel- und Ölbäumen bestandenes Terrassengelände. Gärtner beackern den großen Gemüsegarten, drei glückliche Esel grasen im Schatten der Mandelbäume.

Ehe wir das Tor einer Trockenmauer durchschreiten, werfen wir noch einen Blick zurück. Da thront Font Figuera inmitten seiner Fruchtbäume über der Küste, die hinter Port de Valldemossa steil ansteigt, um sich bei Port des Canonge wieder zu senken. Dahinter erkennen wir die helle Punta de S'Aguila vor dem „Echofelsen". Weiße Segel stehen vor tiefem Blau.

Links vom Weg liegt eine Hütte, rechts steigen die Terrassen hier ganz allmählich an, bis sie oben an den abschüssigen Waldhang stoßen. Vor uns dagegen steigt der Hang gleich neben der Straße steil an. Felsspitzen ragen hell aus den dunklen Steineichen. Einige von ihnen werden von Miradors gekrönt, von Aussichtsterrassen, die der Erzherzog Ludwig

Der Zauberwald zwischen Miramar, der Ermita de Trinitat und der S'Estaca

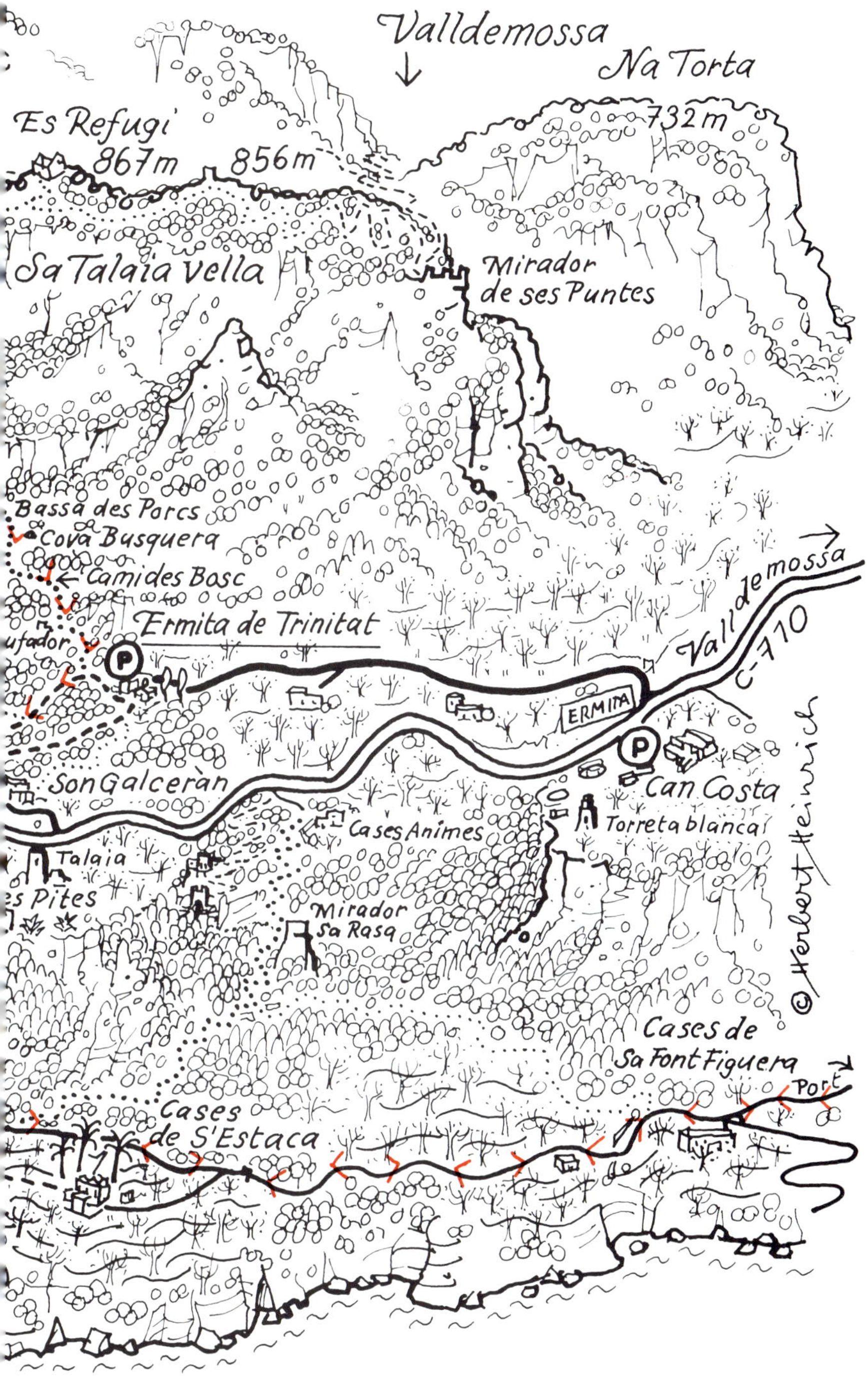
Valldemossa
Na Torta
Es Refugi
867m
856m
732m
Sa Talaia Vella
Mirador de ses Puntes
Bassa des Porcs
Cova Busquera
Camí des Bosc
Ermita de Trinitat
Valldemossa
C-710
ERMITA
Can Costa
Son Galceràn
Cases Animes
Torreta blanca
Talaia
Mirador Sa Rasa
Cases de Sa Font Figuera
Port
Cases de S'Estaca
© Herbert Heinrich

Salvator hier hat anlegen lassen, damit der Blick über seine Traumküste schweifen konnte ohne daß man Bäume fällen mußte – im dichten, immergrünen Steineichenwald sieht man sonst nicht sehr weit. Rechts liegt auf steiler Klippe der Mirador Sa Rasa und eine Weile später der Mirador de ses Pites, überragt von dem alten Wachtturm unter Son Galceràn.

In diesem Terrassengelände wird das Terrain offenbar von den Aleppokiefern zurückerobert. Sie sprießen zwischen alten Johannisbrot- und Mandelbäumen und gedeihen ohne jede Pflege. Überraschender Weise hat Mallorca heute viel mehr Wald als vor 150 Jahren – trotz aller Waldbrände und Urbanisationen! Man kann das mitunter sehen, wenn man die Landschaftsbilder aus den „Balearen" Ludwig Salvators mit der heuten Realität vergleicht. Die Wälder und abgelegenen Bergtälern waren damals auch viel dichter bevölkert. – Wer möchte heute noch ein so entbehrungsreiches Leben führen? –

Wir können jetzt ein verschlossenes, rotes Eisentor durch ein Eisentürchen umsteigen und haben das schöne Gefühl, als Wanderer diesmal nicht ohne Erlaubnis in Privatgelände einzudringen. Kurz hinter diesem Tor taucht plötzlich vorn, links vom Weg, ein weißes Gebäude auf, das von seltsamen, ornamentalen Zinnen geschmückt wird, die S'Estaca. Und hinter ihr sehen wir erstmals die Spitze der Sa Foradada, jener durchlöcherten Felsklippe, deren Bild diese Küstenregion beherrscht. Ein Zweigweg führt links zur S'Estaca hinunter; er ist durch ein Tor gesperrt. Wir wandern jetzt oberhalb jener Terrassen entlang, auf denen einst die prämierten Malvasia- und Moscatelweine des Erherzogs gereift sind. Eine Reblausplage hat gegen Ende des Jahrhunderts Mallorcas Weinstöcke vernichtet. Jetzt wachsen dort Mandel- oder Obstbäume, aber über der S'Estaca stehen noch immer die hohen Dattelpalmen. Der Erzherzog hat über diesen Bereich geschrieben:

Dort unten scheint man in eine andere Welt versetzt zu sein, denn bei dem grossen Unterschied in der Höhenlage ist es hier viel wärmer, und namentlich die Buschwaldvegetation hier viel üppiger als oben. Riesige Mastixsträucher und Alaterne wuchern an allen Ecken, und dichte, hochstämmige Strandkiefernhaine sind namentlich in der Thalmulde zu finden. Eine für sich abgeschlossene Gruppe bilden die Weinberge, die mit ihren unzähligen, sorgfältig bebauten Terrassen das Auge des Beschauers erfreuen. Auf diesen Bergen wächst der trefflichste Malvasia- und Moscatel-Wein. Die Stöcke des ersteren werden in Weinlauben an Oelbaumpflöcken festgebunden und hochgezogen, während letztere nur an Pflöcken, meist vom Erdbeerbaum, befestigt werden. Das Haus steht auf einer kleinen Erhöhung. Bei demselben endigt die vom Guix kommende Carretera, welche den östlichen Theil der Weinberge und dann eine mitten im Walde gelegene, in vier Terrassen eingetheilte Feigenpflanzung durchzieht.

Das Haus ist von mir im Jahre 1878 nach sicilianischer Bauart aufgeführt worden, hat eine grosse vordere Terrasse mit einem Rebendach, das von weissgetünchten Rundsäulen getragen wird, und zwei obere Terrassen. Alle Räume sind gewölbt, wozu Marés-Steine verwendet sind, die von der Südküste mittelst Barken zum Guix und von hier zur Fahrstrasse hinaufbefördert wurden. Unten befindet sich der Keller, von welchem eine breite Treppe in die Mitte der Eingangshalle hinaufführt. An den Seiten desselben sind zwei Cisternen, von denen die an der Terrasse gelegene Trinkwasser hat, die andere aber, welche von den nahen steilen Wegen (de Canrec) Zufluss hat, solches zu gewerblichen Zwecken liefert. Die Lage ist wirklich bezaubernd: ringsum lachende Weingärten, hin und wieder durch Johannisbrotbäume unterbrochen, und oberhalb des Hauses eine Palmenterrasse, im Osten die sphinxartige Foradada weit in das Meer vorspringend, im Westen die Punta de s'Aliga, im Süden der steile waldige Abhang und oben wie ein Adlerhorst auf den Felsenwänden der Mirador de ses Pitas, im Norden das grenzenlose Meer. Von der vorderen Terrasse aus kann man auf den kleinen Caló schauen, wo gegen 14 Hütten stehen, zu welchen ein steiler Pfad an einem kleinen, von einer gypshaltigen Quelle bewässerten Garten und an einer tiefer gelegenen, trinkbares Wasser liefernden Quelle vorbei hinabführt. Aus letzterer Quelle schöpfen besonderss die Fischer ihren Wasservorrath. Stundenlang kann man hier in diesem abgeschlossenen Winkel ruhen, ohne von Jemand gestört zu werden. Wenn man oben im Saale sitzt und nach drei Richtungen das zu Füssen liegende Meer überblickt, wähnt man sich auf einem dahinsegelnden Schiffe; umherfliegende Möwen vervollständigen diese Täuschung. Man lässt dann wohl aller-

hand Bilder aus fernen Zonen in seiner Phantasie aufsteigen, und wenn man schliesslich aus seinem Traume erwacht, so preist man sich glücklich, in diesem gesegneten Erdenwinkel weilen zu dürfen.

Diese schwärmerischen Worte wird man als nüchterne Feststellung empfinden, wenn man an einem schönen Frühlingstage vom Fahrweg über das Wasserbecken zur S'Estaca hinunterschaut und sich vergegenwärtigt, wie Ludwig Salvator den Blick vom Mirador de ses Pites zu seinem Weingut beschrieben hat:

Auf einer senkrechten Felsenwand stehend, geniesst man hier einen überraschenden Fernblick. In der Mitte blickt das Haus der Estaca hervor, und namentlich im Frühjahr, wenn die Weinberge in frischem Grün erglänzen, gleicht es einer Perle in einer smaragdenen Schale.

Die S'Estaca war, neben der Yacht Nixe, Hauptschauplatz jener Romanze des Erzherzogs mit Catalina Homar, einer Tischlertochter aus Valldemossa. Über diese Relation wird in Mallorca-Büchern fast überall falsch und verkitschend berichtet und in der Ludwig-Salvator-Biographie des Juan March steht Schockierendes. Tatsache bleibt, daß der Erzherzog niemals verheiratet gewesen ist – also auch nicht mit Catalina Homar, und daß er ihr, nach ihrem Tode, ein recht romantisches Büchlein gewidmet hat. Es ist 1905 erschienen und hat den Unwillen des Wiener Hofes erregt, weil Ludwig Salvator dort unter vielem anderen geschildert hat, daß sich Catalina Homar und die Kaiserin Elisabeth II. (Sissy) bei deren Besuch in der S'Estaca, wie zwei alte Bekannte unterhalten hätten. – Na sowas!

Catalina war lange Zeit die Verwalterin des Weingutes und hat wohl auch seinen süßen Dessertweinen gern zugesprochen, während der Erzherzog als Biertrinker geschildert wird. Vom Parkplatz bis zur S'Estaca sind wir etwa 40 Minuten gelaufen und schon die heiter-verträumte Atmosphäre, welche dieses weiße Haus unter der Palmenterrasse umgibt, hat den Weg gelohnt. – Es wird wohl wenige Menschen geben, welche sich dem Zauber dieses Anblicks entziehen können.

Unser nächstes Ziel ist die Bucht Caló de S'Estaca, mit ihren malerischen Fischerhütten. Zu ihr geht es zunächst auf der Fahrstraße weiter. Rechts steigt der Waldhang sofort an, links liegen die Terrassen des ehemaligen Weingutes. Nach rund hundert Metern führt rechts ein undeutlicher Pfad steil bergauf. Es ist der uralte Camí de Pescadors, der am Mirador Sa Rasa vorbei beim Kilometerstein 69 die C-710 erreicht. Ein Stück weiter ist er Anfang eines noch mehr zugewachsenen Pfades mit Steinmännchen markiert. Dieser Pfad führt schräg am Berghang hinauf zu dem privaten Miramar, vorbei an alten Miradors, Höhlen und der Kapelle des seligen Ramon Llull.

Unser Fahrweg senkt sich jetzt in zwei Serpentinen langsam zum Meer. Die Serpentinen sind gepfla-

stert und wo diese Asphalt- oder Betonstraße weiter zur Bucht hinunter steigt, ist sie mit einer Kette für Autos gesperrt, während eine ungepflasterte Straße weiter an der Küste entlang führt. Von der S'Estaca bis zur Kette sind wir gut 10 Minuten gelaufen; von hier geht es dann knapp 10 Minuten auf der Betonstraße in engen Kurven recht steil hinunter zum Meer. Am Ende führt eine gepflasterte Treppe zu den bereits vom Erzherzog erwähnten 14 Fischerhütten über der Caló de S'Estaca.

Der Anblick der malerischen, verwinkelten Hütten ist überaus reizvoll. Schmale Treppchen-Wege führen zwischen ihnen zu einer kleinen Bucht, die ein spitzer, roter Felsen ein wenig vor den Wellen schützt. Aber dieser Schutz kann nur unzulänglich sein an dieser oft sturmumtosten Nordwestküste; deshalb müssen die Boote hier ein paar Meter hinaufgewunden und in gemauerten Bootsschuppen verstaut werden. Heute jedoch ist die See glatt. Zwei Mädchen lassen ein Ruderboot zu Wasser und bestücken es mit einem kleinen Außenbordmotor. Hoch oben, über der roten Felsbucht, thront das Haus der Estaca.

Die Fischerhütten haben fast alle kleine Terrassen, auf denen man sitzen und auf das Meer schauen kann, abends, wenn die Sonne in die See taucht. Wahrscheinlich werden sie heute meist von Einwohnern Valldemossas als Wochenendhäuschen genutzt. Die Bucht ist abgelegen und deshalb noch unberührt vom Massentourismus. Hier wird es wohl auch im Sommer noch kein Restaurant geben. –

In dieser romantischen Bucht hat die Wanderung bereits einen deutlichen Akzent und wenn Sie nun einfach zurücklaufen, sind sie, bis zum Auto, insgesamt zwei Stunden gewandert. Auf jeden Fall aber müssen Sie jetzt erst einmal zurück und die knapp 100 m Höhenunterschied zur Kette überwinden. Das ist der anstrengendste Teil dieses Ausflugs. Irgendwo geht rechts der steile Pfad ab, der laut Erzherzog an zwei Quellen vorbei führt. Wenn Sie aber noch ein wenig mehr von dieser romantischen Küste sehen möchten, können Sie sich hinter der Kette links halten und noch eine knappe halbe Stunde zugeben. Es geht auf dem ungepflasterten Fahrweg weiter, zunächst durch Wald, dann an einer Stützmauer entlang durch Terrassengelände.

Nach fünf Minuten kommen wir an einer Hütte mit Zisterne vorbei. Auf den Terrassen wachsen Mandeln und im Spätsommer gibt es hier köstliche, reife Feigen. Rechts voraus sehen wir wiederum helle Felstürme und breite Felswände aus den Steineichen aufragen. Auch hier werden einige Felsköpfe von Miradors gekrönt; und dann gibt es noch die Ruine jener Felsenkapelle des Beato Ramon, welche Ludwig Salvator 1877 erbauen ließ, „bei Gelegenheit der 600jährigen Feier des Bestehens von Miramar". Sie steht auf einem Felsturm und ist nur über ein bröckeliges Brückchen zu erreichen, das über einen Abgrund führt. Ein Blitz hat sie in den sechziger Jahren zerstört und niemand scheint bereit, ihren Wiederaufbau zu bezahlen. – Da es sich um Privatgelände handelt, fühlt sich die Regierung nicht zuständig.

Durch ein offenes Tor schreiten wir jetzt in einen Kiefernwald. Rechts kommt ein Geröllfeld vom Steilhang herunter; wir erreichen einen Drahtzaun, welcher den Weg versperrt und können ihn mittels Leiterchen übersteigen. Hier fahren keine Autos mehr entlang, von hier an ist der Weg zugewachsen – bis auf einen Trampelpfad, der sich zwischen Zistrosen, Stechginster und Mastixsträuchern hindurchwindet. Der Weg biegt nach rechts, um eine Bucht zu umrunden. Wir können jetzt zwischen den Kiefernwipfeln hindurch zu der Felswand von Miramar hinaufschauen und den Mirador, sowie einen Teil des Gebäudes, erkennen. Dann kommt rechts die Stützmauer eines Weges, der an der Steilwand nach Miramar aufsteigt. Auf diesem Weg wird wohl der Erzherzog mit seinem Schimmel entlanggeritten sein, wenn er Catalina Homar in S'Estaca besucht hat. – Armes Pferd, der Erzherzog war da bereits recht korpulent! –

Kurz hinter dieser Stelle kurvt unser Weg links hinunter zum Meer, vorbei an einem rechtsliegenden, runden Kohlenmeilerplatz. Links steht ein steinernes Tischchen in einer Felsnische, von Steinbänken umgeben. Hier dürfte der Erzherzog mit seiner Equipe gespeist haben, nach dem Bad am Strand des Guix. Jetzt noch zwei Kurven und der Weg ist zuende, abgestürzt, von den Wellen zerstört. Weil im Mergelhang des Guix kein Straßenbau möglich war, mußte der Weg von der Foradada herüber ganz unten am Meer auf den

Unterhalb Miramar

heruntergerollten Felsblöcken entlang geführt werden – und da ist er nicht mehr! Wir sind trotzdem einmal, um es genau zu wissen, über die Felsblöcke und die rutschigen Mergelhänge geturnt. – Machen Sie das bitte nicht nach, es ist strapaziös und gefährlich!

Genießen Sie lieber den Blick hinüber zu den rötlichen Felsen der Foradada, die da aus dem ultramarinblauen Meer ragt und hinauf nach Son Marroig, das hoch oben von seiner Felswand herunter winkt. – Hier, und unter dem Eindruck dieser phantastischen Küstenlandschaft, hat Ludwig Salvator seine „Sommerträumereien am Meeresufer" erdacht. Heute planschen unten am Meer die beiden Mädchen, die wir bereits bei den Fischerhütten mit ihrem Boot gesehen hatten. Inzwischen haben sie, an der einsamen Küste, ihre Kleidung abgelegt – oder sind es Nereïden, aus der Tiefe des Meeres aufgestiegen? –

Wir sind jetzt am Ende unserer Wanderung angelangt. Von hier brauchen wir knapp anderthalb Stunden, um wieder zum Auto zurück zu laufen. Inzwischen ist die Sonne weiter vorgerückt und alle Felsen und Klüfte, die vormittags im blauen Schatten der Steilküste lagen, sind im hellen Licht plastisch geworden.

Zum Essen sind wir die knapp zwei Kilometer zum Hafen von Valldemossa hinuntergefahren. Dort, im Hafenrestaurant, haben wir eine „Grillada de Pescado" („Gemischter Fischgrill") gegessen – und die war gut und nicht überteuert. Man kann sie auf einer Aussichtsterrasse genießen! –

Anzumerken wäre vielleicht noch, daß uns ein alter Fischer gesagt hat, daß der Fußweg nach Port de Canonge nicht mehr existiert – er ist noch auf den Karten von Mascaró Pasarius eingezeichnet. „Es ist zwar möglich da durchzukommen, aber das ist eine Felsturnerei und kein Pfad!"

Der Bereich von Miramar heute, Besuche in der Ermita de Trinitat und im Privathaus Miramar.

(Siehe Karte Seite 52 und 53 oberer Teil.)

In seinem Büchlein „Winke für die Besucher von Miramar" faßte Ludwig Salvator seinen ganzen Besitz an der Nordwestküste Mallorcas unter dem Sammelbegriff „Miramar" zusammen. Das von ihm vorgeschlagene Besuchsprogramm umfaßt drei Tage und schließt sowohl Son Marroig (Son Masroig) und die Foradada, als auch eine Bergwanderung, oder einen Ritt, von Son Moragues über den Berg Talaya Vella und den Puig Caragoli ein. Diese klassischen Wanderungen habe ich bereits in meinem Band 3 genau beschrieben.

Heute ist der damals zusammenhängende Besitz unter vier Erben aufgeteilt und nur ein Teil davon, vor allem Son Marroig und die Foradada, steht dem Besucher offen. Das eigentliche Miramar, das Haus, in dem der Erzherzog die längste Zeit gewohnt hat, wird privat als Jagd- und Landhaus genutzt. Es ist folglich dem Besucherverkehr verschlossen. Deshalb empfehle ich, für den Überblick von oben, den umkomplizierten Besuch der Ermita de Trinitat und des Waldhanges oberhalb von Miramar. Dort gibt es eine Aussichtswarte von der Sie auf Miramar hinabschauen und ziemlich viel erkennen können. Wenn ich Ihnen dann beschreibe, was ich bei einem Besuch Miramars gesehen habe, müssen Sie sich den Rest vorstellen.

Die Ermita de Trinitat ist ein weiterer Ort, der noch ziemlich so aussieht, wie ihn der Erzherzog geschildert hat. Sie wird auch heute noch, wie seit Jahrhunderten, von bärtigen Einsiedlern in graubraunen Kutten bewohnt. Wer diese Ermita besucht, macht gewissermaßen einen Ausflug in eine vergangene Zeit. Wenn Sie die Wochenenden meiden, haben Sie eine gute Chance, der einzige Besucher der Einsiedelei zu sein! –

Die Auffahrt zweigt von der Küstenstraße C-710, nahe Ca'n Costa und dem Kilometerstein 70, rechts ab – falls man von Valldemossa kommt. Ein unscheinbarer, asphaltierter Fahrweg führt so spitz rechts aufwärts, daß Sie Schwierigkeiten haben werden, die Kurve zu kriegen. Also besser bis Ca'n Costa vorfahren und dort wenden! An der richtigen Ecke hat jemand „ERMITA" und einen Pfeil auf eine verputzte Fläche der alten Trockenmauer gemalt.

Der schmale Fahrweg bietet einige Ausweichstellen, links geht es zu einem Haus hinab, aber dann wird es zwischen zwei Mauern so eng, daß ich nur hoffen kann, daß Sie Ihren eventuellen, dicken Mercedes unten, beim Ca'n Costa geparkt haben. – Nur noch ein kurzes Stück und wir haben den Platz vor der Ermita erreicht, wo wir im Schatten von Steineichen parken können. Steinerne Tische und Bänke laden zur Rast. Hier können wir erst einmal beim Erzherzog nachlesen:

Bevor wir die Ermita betreten, seien erst einige Wochen über ihre Geschichte vorausgeschickt. Wenn auch nicht authentisch erwiesen, so ist es doch wahrscheinlich, daß, nachdem Philipp II. im Jahre 1601 das Haus und Gut von Miramar verschenkt hatte, einige der darin wohnenden Einsiedler sich in der Nähe niederliessen und vielleicht die Einsiedeleien gegründet haben. Die Ruinen stehen noch, wenn diese nicht gar schon älteren Ursprungs sind und bereits zur Zeit Castañeda's einzelnen Einsiedlern als Aufenthalt gedient haben. Nach dem Chronisten Paborde Terrasa zog sich einer der Einsiedler, welche aus zwingenden Gründen im Jahre 1601 Miramar verlassen musste, Namens Fr. Julian de la Madre de Dios, in die Einsiedelei von Nuestra Señoradel Refugio des Schlosses von Alaró zurück, wo er eine Zeitlang allein lebte. Im Jahre 1640 gesellte sich zu ihm ein junger Mann, Namens Juan Mir, der, im Jahre 1624 in Alaró geboren, schon im 16. Lebensjahr sich dem Einsiedlerleben widmete und 1644 in feierlicher Weise professirte, wobei er den Namen Juan de la Concepcion annahm. Kurz darauf starb Fr. Julian. Mir aber entschloss sich, einerseits veranlasst durch den Tod seines Collegen, wodurch er sehr niedergeschlagen war, andererseits um dem zu starken Andrange der Besucher dieses Platzes aus dem Wege zu gehen, eine andere Stelle aufzusuchen, was er auch mit Erlaubnis des Generalvicars der Diöcese im Jahre 1646 ausführte. Er zog nach Miramar, besuchte die verschiedenen Einsiedeleien und betete in der dortigen Kirche, dass die heilige Dreifaltigkeit ihn in seinem Vorhaben erleuchten möchte, worauf er der Ermita von Sⁿ Pablo und Sⁿ Antonio den Vorzug gab, weil in derselben ein Altar vorhanden war. Hierauf zog er nach Valldemossa, hoffend, er würde dort die Mittel zur Ausführung seiner Pläne finden. Thatsächlich wurde er, als er zur Anhörung der Messe in die Karthäuser-Kirche eintrat, von den Mönchen, und namentlich vom Pater Dⁿ Miguel Monserate Geli, auf das Freundlichste aufgenommen. Unter *dem Schutze des Letzteren, der sein Beichtvater wurde, und mit Hülfe der in der Ortschaft gesammelten Almosen konnte er bald zur Einsiedelei von S^{n} Pablo und S^{n} Antonio zurückkehren, wo er auch seinen Aufenthalt nahm. Bald gesellten sich zu ihm mehrere fromme Männer, welche mit ihm zusammenlebten. Allen war er in seinem Tugendwandel ein gutes Beispiel. Sie bildeten so eine neue Einsiedlergemeinde, die noch fortbesteht. Mir liess von D^{n} Miguel Monserrate eine Ordensregel abfassen, die im Jahre 1670 in Palma gedruckt wurde. Nach derselben leben die Einsiedler noch heutzutage. Allem Anscheine nach haben schon in damaliger Zeit alle Einsiedler Mallorca's diese Regel befolgt, indem sie eine Art Congregation bildeten, wiewohl sie an verschiedenen Punkten der Insel weilten.*

An ein mit Cypressen bepflanztes Plätzchen stösst die Einsiedelei. Der Eingang in dieselbe erfolgt durch eine viereckige Thür mit einem Vordache, das von einem Kreuz überragt wird, auf dessen beiden Seiten abermals zwei Kreuze sich befinden. Ziehen wir an einem Glockenzuge mit hölzernem Griffe, so erklingt nach kurzer Pause eine dumpfe Stimme von innen und spricht: „Ave Maria purisima". „Sens pecat concebuda" ist die Antwort, und die Thür geht auf. Ein Mann, in Folge der Askese hohläugig und die Stimme dumpf, als wenn sie aus dem Grabe käme, steht in brauner Kutte vor uns; es ist der Superior und gleichzeitig Koch der kleinen Gemeinde. So wirkt derselbe in doppelter Weise: für den Geist und für den

L'ermità de Miramar

Körper, aber in letzterer Beziehung nur mäßig, denn die braven und bescheidenen Leute nehmen sehr wenig Nahrung zu sich. Gegenwärtig wohnen deren acht dort; alle sind sehr arbeitsam. In neuerer Zeit haben sie aus ihren eigenen Reihen die schon verwaist gewesene Einsiedelei von Ternellas bei Pollenza wieder bevölkert. Ihren Unterhalt erwerben Sie mit Arbeiten in Gemüsegärten, mit der Pflege von Oelbaumterrassen und durch Brennen von Kohlen. Gleichzeitig sammeln sie Almosen, namentlich Naturalien, von den Bewohnern der benachbarten Ortschaften ein. Letzteres geschieht jedoch nur, wenn ihnen die Nahrungsmittel ausgegangen sind. Sie sind auch in vielfachen Beziehungen sehr geschickt und können deshalb etwaige Reparaturen an ihren Gebäuden u.s.w. selbst vornehmen. So verrichten sie u. A. Maurer-, Tischler-, Schuster-, Schneider-Arbeiten u.s.w.

Kehren wir nun zur Schilderung der Einsiedelei zurück. Die Eingangshalle ist mit Fayencebildern und allerhand Gemälden behängt, welche phantastische Darstellungen der Hölle, des Teufels, des heiligen Anton u.s.w. aufweisen; auch ist ein ehemals die Kirche von Miramar schmückendes Portrait, den Padre Mir, in der Gestalt eines graubärtigen Greises mit Kutte darstellend, vorhanden. Von der Eingangshalle gelangt man, ein paar Stufen hinaufsteigend, in einen kleinen, schön gepflasterten Hof, wo links ein Brunnen mit der Aufschrift Jesus Maria und dem Datum 1713 steht. Der Brunnen liefert gutes Wasser. In diesem Hofe erhebt sich dem Eingange gegenüber die Kirche mit einer viereckigen Thür, einer Fensterrose und einem einfachen Glockenbogen. Der Abputz ist in den Fugen mit Steinchen ornamentirt. Das Innere zeigt eine schlichte, und zwar doppelte Kappenwölbung, sowie drei zopfige Altäre, einen Hochaltar, welcher der heiligen Dreifaltigkeit gewidmet und mit einer schlechten Nachahmung des Bildes von Miramar und mit einer Statue von Mariä Empfängniss versehen ist, ferner zwei Seitenaltäre. Der Boden ist mit Azulejos gepflastert. Die früher an den Seiten befindlichen modernen Chorbänke sind vor einigen Jahren, als die Wölbung der Kirche mit vergoldeten Leisten und Rosetten verziert wurde, in einer Art von Empore über dem Eingange und an den Seiten untergebracht worden. Zu diesen Chorbänken haben die Einsiedler direct von ihrer Wohnung aus Zutritt. Häufig pflege ich ihrem um 2 Uhr Nachmittags stattfindenen Chor beizuwohnen. Die guten Einsiedler singen hierbei unter Harmonium-Begleitung einige Stücke. Das Wohngebäude steht vor der Kirche; in demselben ist zur linken Seite ein Gang mit einem hübschen, neu gewölbten Speisezimmer, in welchem ein Tisch und ein Lesepult stehen, denn während des Essens liest einer der Einsiedler eine Episode aus dem Leben eines Heiligen vor. Wenn sie Verlangen nach Wasser oder Brod haben, sprechen sie nicht etwa, sondern geben dies durch einen oder mehrere Schläge des Messergriffes auf den Tisch kund.

Drei Wege führen von der Ermita durch Eichenwald hinab. Der eine leitet an der etwas tiefer gelegenen Cella Veya, einer etwas unregelmäßig umzäunten, unbewohnten Einsiedelei, vorüber zur Hospederia; der andere Weg ist steiler, aber kürzer; auf diesem gelangt man nach Son Galceran. Der Dritte ist der Hauptweg und führt, etwas bergab gehend, bis oberhalb von Can Costa.

Über diesen „Hauptweg" sind wir heraufgekommen und nun liegt die Pforte zur Einsiedelei vor uns – genau wie vor hundert Jahren. Aber sie steht offen und wir können eintreten, ohne einen der Einsiedler bemühen zu müssen. In der Eingangshalle finden wir noch die geschilderten Fayence-Bilder an den Wänden. Ein spanischer Text bittet darum, sich ruhig zu verhalten und die Andacht der Eremiten nicht zu stören.

Wenn wir den Innenhof betreten haben, werden wir zunächst von ei-

Die Atalaya Vella vom Puig de la Moneda aus.

ner zum Meer liegenden Terrasse angezogen, die uns einen herrlichen Blick auf die malerische Küste bietet. Links ragt der helle Felsen Sa Punta de S'Àguila wie ein fernes Traumschloß aus dem Meer, vor den violetten Bergen, die hinter Port des Canonge zum Planici aufsteigen. Davor liegt jene Hochebene über dem Meer von der ein Sträßchen sich noch mehr als 400 m zum Port de Valldemossa hinab schlängelt. Gleich unter uns gibt es einige Terrassen und rechts eine kleine Kapelle, hinter niedrigen Mauern.

Rechts, in einem Gärtchen, steht eine recht rohe Plastik, die Juan Mir de la Concepción, den Gründer dieser Ermita, darstellen soll. Wir kennen ihn aus der Beschreibung des Erzherzogs und wissen, daß er im 17. Jahrhundert das Einsiedlerwesen auf Mallorca reformiert hat. Hinter der Statue stehen sieben Bienenkörbe und lassen hoffen, daß die Einsiedler morgens Honig auf ihrem Brot haben. „In Folge der Askese hohläugig" sieht der junge Eremit jedenfalls nicht aus, der in seiner braunen Kutte vorüber geht. Erst später sehen wir im Gemüsegarten einen gebrechlich wirkenden Greis, mit weißem Bart, der ganz der Kinderbuch-Vorstellung von einem alten Einsiedler entspricht.

Seit Ludwig Salvator vor rund hundert Jahren seinen Bericht geschrieben hat, ist hier wenig verändert. Vermutlich sind die beiden Palmen im Hof neu. Das ehemals auf dem Altar der kleinen Kirche stehende Bild der Heiligen Dreifaltigkeit – vom Erzherzog als schlechte Nachahmung des Bildes von Mirmar bezeichnet, finden wir in einem kleinen Verkaufsraum für Andenken. Der Druck auf eine Klingel ruft einen Verkäufer herbei. An den Wänden hängen weitere Heiligenbilder, meist stark restaurationsbedürftig, auch ein Gemälde, das die legendäre Steinigung des seligen Ramon Llull in Nordafrika darstellt.

In dem schönen Barock-Kirchlein ziert jetzt eine Muttergottes den Hauptaltar. „Anno 1735" steht auf einer Steinplakette im Deckengewölbe. Der ganze Ort strahlt eine Ruhe und Besinnlichkeit aus, die sich auch auf uns Besucher überträgt. –

Vom Platz hinter der Einsiedelei können wir in den kleinen Gemüse- und Blumengarten der Eremiten schauen, ehe wir durch ein Loch im Maschendrahtzaun schlüpfen, um in den Steineichenwald eindringen zu können.

Dieser Steineichenwald ist, wie fast alle Wälder auf Mallorca, Privateigentum, und korrekte Menschen müssen sich vor dem Betreten die Erlaubnis des Grundeigentümers erbitten! – Wir vermeiden den von unten heraufkommenden Pfad und halten uns am Zaun entlang rechts und dann weiter leicht abwärts – nicht aufwärts zu dem Aussichtspunkt mit den Steinbänken! Zur Zeit des Erzherzogs gab es hier noch keine Zäune. Er berichtet über diesen Bereich:

Gehen wir von der Quelle von Miramar hinauf gegen den Wald zu, so kommen wir in ein schattiges Thal, reich an Obstbäumen und epheuumrankten Terrassen, wo unweit stämmiger Nussbäume die krystallhelle Quelle des Beato Ramon entspringt. Es ist dies die beste Queller der Umgebung; sie speist zwei Safareig. Etwas weiter oben führt ein Serpentinenweg zur Cova des Beato Ramon, einer kleinen, von alten, echten Pinien umstandenen Höhle im Felsen. In letzterer befindet sich ein Reliefbild, welches den Seligen Ramon Lull darstellt, wie er seine Werke der heiligen Jungfrau mit dem Kinde zu Füssen legt. Es ist dies die Höhle, in welche sich, wie wir bereits sahen, der Selige zurückzuziehen pflegte. Ein hölzernes Kreuz oberhalb der Höhle bezeichnet schon von Weitem ihre Lage. Von hier aus zieht sich ein breiter Weg durch den Wald von Miramar gegen die Einsiedelei zu. Rechts geht ein Seitenweg zum Mirador des Tudons, von dem man Miramar überblicken kann.

Dann folgt jener der Waldeinsamkeit, von dem man ringsum nur den dichten, mit Bartmoos versehenen Eichenwald und einen Theil der in das Meer vorspringenden Foradada sieht. Dann kommen die Cova des Contrabandol, eine kleine, von Eichen beschattete Höhle, sowie die Ermita de S^{n} Juan, eine grosse, viereckige Mauerumzäunung. In derselben ein kleines, dachloses Häuschen. Daneben befindet sich eine andere, oval gestaltete Höhle mit oben vorspringenden Steinen (Pedras escupidoras), in der man noch das Häuschen, die Wege, die Cisterne, die Bänke, ja noch einen alten Mandelbaum der alten Einsiedelei sieht. Wenige Schritte davon entfernt ist der Mirador des Ermitans, ein breiter Felsen, von dem man, aus der Waldeinsamkeit kommend, in entzückendster Weise die Foradada zwischen Eichen, im Hintergrunde Miramar, Son Marroix und die Spitze des Puig Mayor über-

schaut. Steigt man von den alten Ermitas ein Stückchen tiefer, so kommt man zum Puig del Verger, in welchem sich eine kleine maurische Kapelle mit einem marmornen, die heilige Familie darstellenden Reliefbild befindet. Von hier aus geniesst man die umfassendste Aussicht auf fast alle Häuser von Miramar. Von dieser Stelle führt ein Weg zur Hospederia hinab. An der Bassa des Porcs und der kleinen Höhle Cova Busquera vorüber gelangt man von den alten Ermitas zum Bufador des Ermitans, einer Felsenspalte, welcher im Winter warme, im Sommer sehr kühle Luft entströmt. An der Seite derselben sind Tische und Bänke zum Ausruhen aufgerichtet. Derartige Spalten giebt es in Miramar noch zwei: die eine nicht weit von hier, die andere am Wege zum Guix. Von hier führt ein ebener Weg zur Einsiedelei.

Nun, von der Quelle von Miramar aus können wir heute nicht mehr in diesen geheimnisvollen Steineichenwald hinaufgehen. Inzwischen sind zwischen Miramar und der Höhle „Cova des Beato Ramon" soviele Mauern und Stacheldrahtzäune errichtet worden, daß es mir noch nicht gelungen ist, sie ausfindig zu machen. Auf unserem Weg, der von der Ermita abwärts führt, treffen wir aber noch viele der vom Erzherzog beschriebenen Sehenswürdigkeiten, meist zugewachsen, wie ein Dornröschen-Schloß, seltsame Relikte einer vergangenen Zeit, grünlich angestrahlt vom magischen Licht des Steineichenwaldes. Auch einige Aleppokiefern ragen über die niedrigen Steineichen auf.

Das Unterholz besteht aus Baumheide und Erdbeerbäumen, deren Früchte am Anfang des Oktobers meist noch gelb sind, aber auch die wenigen roten und reifen Früchte schmecken nur fad-säuerlich. Links des Weges können wir zwischen den Wipfeln einen alten Wachtturm erkennen. Es ist der Talaia de la Trinitat, auch Talaia de Valldemossa genannt. Er wurde erst zu Anfang des 17. Jahrhunderts erbaut, also später als die Mehrzahl der Wachttürme, die im 16. Jahrhundert errichtet worden sind, als das Seeräuber-Unwesen am bedrohlichsten gewesen ist.

Wir kommen an einer alten Trockenmauer der Cella Veya vorbei, dann senkt sich unser Pfad und mündet auf einen Weg, der in gleichbleibender Höhe am Hang entlang führt. Wir sehen links, unter uns ein großes Wasserbecken. Es wird von einer kleinen Quelle gespeist. Wieder senkt sich unser Pfad und trifft auf einen anderen, der links, von Son Galcerán herüber kommt. Wir folgen ihm nach rechts. Da erkennen wir schon wieder einen Weg, der nach links abzweigt, zur nahen Autostraße und einem hellen Appartementkasten. An dieser Stelle hatte der Erzherzog seine Hospederia eingerichtet, über die er schrieb:

In der That passt für kein Stück Land der Erde der Name Miramar besser, als für diese Gegend. Links führt eine Barrera hinab zur Estaca; rechts oben ragt mitten aus dem Eichenwald eine Einsiedelei empor. Un-

terhalb der Fahrstrasse sind terrassirte Lehnen; hin und wieder neigt ein alter Johannisbrodbaum seine Zweige über die Fahrstrasse. Auf einem Vorsprung erhebt sich die Atalaya de Valldemosa und fast derselben gegenüber, oberhalb und unweit der Strasse, Son Galcerán. Dann kommt die Hospederia von Miramar, dicht an der Strasse gelegen, ein Herbergshaus mit 20 Betten, in dem jeder einkehrende Fremde drei Tage ohne Entgelt wohnen kann und mit Bett- und Tischwäsche, Tischgeräth, Brennmaterial und Oliven versorgt wird. Von dem nahe auf einem kegelförmigen Felsenvorsprunge gelegenen Mirador kann man die ganze Umgebung überschauen.

Der Erzherzog hatte sich die Hospederia als Herberge für Künstler, Studenten und solche Menschen gedacht, die von der Schönheit Miramars angezogen wurden und die Betreuung einer alten Frau, Madó Pilla übertragen. Als jedoch die neue Fahrstraße nach Sòller ausgebaut war, wurde er oft enttäuscht. Auf seine Frage: „Wer wohnt denn jetzt in der Hospederia?" erhielt er von Madó Pilla häufig die desillusionierende Antwort: „Lauter Nutten Señor, lauter Nutten!"

Unser Weg steigt jetzt etwas an, rechts vom Weg ragen Felsblöcke auf. Flechten hängen wie grüne Bärte von den Ästen der Steineichen. Der steinige Karrenweg wendet sich nach rechts und führt bald an dem ersten Sitja (runden Kohlenmeilerplatz) vorbei, daneben sehen wir die steinerne Rundwand einer alten Köhlerhütte und kurz dahinter einen alten Kalkofen.

Waren es die Eremiten, die sich hier etwas Geld mit Köhlerei und Kalkbrennen verdient haben? Wir werden auf unserer kleinen Wanderung noch viele Sitges und Barracas am Wege liegen sehen. – Aber dann gibt es da links etwas Einzigartiges, einen niedrigen, runden Aussichtsturm, wohl den Mirador des Tudons. Von hier können wir, wie versprochen, auf die Häuser von Miramar hinabschauen. Wir erkennen links das Hauptgebäude, rechts dahinter die Kapelle und rechts davor die Stützen jenes Kreuzganges, der einst zum Kloster von Sta. Magdalena, in Palma, gehört hatte. Der Erzherzog schrieb über Miramar:

Wenn man etwas weiter Can Caló mit vielen Stallungen erreicht hat, so sieht man schon auf einer tafelfertigen Verflachung oberhalb steiler, ausge-

höhlter Felsen Miramar liegen. Der Anblick ist geradezu zauberhaft. Ein Pappelwäldchen umgiebt die Stelle, wo die ergiebige Font Cuberta entspringt, die Hauptquelle von Miramar. Die Quelle entspringt theilweise oberhalb des Fahrweges, ergiesst sich in eine Tränke und fliesst unterhalb der Strasse zu einem Rundbogen-Kapellchen mit Tisch und Sitzen aus Stein an den Seiten. Von hier führt ein Richtweg nach Miramar hinab, einige Schritte weiter aber der Fahrweg, an einem grossen Felsen vorbei, zur Carrera des Hauses.

Bevor wir Miramar selbst schildern, sei erst ein kurzer historischer Rückblick eingeschaltet. Gegen Ende des Jahres 1276 gründete Jaime II. auf Anregung seines ehemaligen Seneschalls Ramon Lull ein Collegium zum Unterricht in den orientalischen Sprachen, und namentlich in der arabischen, an dem schon damals Miramar genannten Platze, damit die unter der Leitung Lulls stehenden 12 Minoritenmönche während ihres dortigen Aufenhalts in diesen Sprachen unterrichtet würden, um dadurch sich in fruchtbringenderer Weise der Bekehrung der Ungläubigen widmen zu können. Man nimmt an, dass während der zwei oder drei Jahre, welche Ramon Lull in Miramar zubrachte, letzteres einen Theil der Klostergemeinde gebildet hat, wo er als Oberer und Lehrer thätig war. Nebenbei aber schrieb er wichtige Werke und führte ein Einsiedlerleben, um bei seinen Arbeiten mehr Ruhe zu haben. Wegen des stetig zunehmenden Besuches der Kirche der Trinidad zog er sich häufig in eine benachbarte Höhle zurück, die, wie die an ihrem Fusse entspringende Quelle, bis auf die Gegenwart seinen Namen bewahrt hat. Die Alqueria von Miramar umfasste damals noch alle benachbarten Gründe gegen das Meer zu, von Plá del Rey bis zur Foradada.

Es folgt ein sehr detaillierter Bericht über die Mönche, Geistlichen und Einsiedler, welche zwischen 1300 und 1811 in Miramar gelebt haben. Zeitweise wurde Miramar auch „Trinidad" genannt.

Im Jahre 1811 wurde das noch immer der Krone angehörige Miramar oder Trinidad durch Decret der Cortes von Cadiz an D^n Gabriel Amengual verkauft, von welchem es auf den Arzt Morey überging, der 1837 die baufälligen Gebäude des Collegiums und der Kirche zum grossen Theil abtragen liess. Dann erwarb es Juan Serra aus La Puebla. Von Letzterem habe ich es 1872 in meinen Besitz gebracht. Die Ueberbleibsel der Häuser wurden nach Thunlichkeit wiederhergestellt, und der Name „Miramar" kam wieder zur Geltung. Von dem vierseitigen Wohngebäude war nur eine Seite übrig geblieben, die, mehrfach umgemodelt, noch besteht, von der Kirche nur die linke Seitenkapelle, in der man ausser an Festtagen nur selten Messe las. Der Schutt war zu den Grundmauern einer halbrunden Terrasse verwendet worden. Neuerlich ist dieser Platz, auf dem über 600 Jahre ein Tempel Gottes gestanden hatte, in einen fruchtbaren Blumengarten umgewandelt worden. Das Haus von Miramar ist, wie schon er-

wähnt, nur ein Viertel des alten Gebäudes mit einem Hof in der Mitte, der von einem Bogengang umgeben war. Das Alles ist nunmehr verschwunden, und ich konnte nur vier Säulen des alten Klosterhofes wieder auffinden: eine im Stall, eine andere in der Küche als Stütze, während zwei unter der Erde lagen. Sie tragen jetzt ein Rebendach an dem hinteren Portal des Hauses gegen den Garten zu. Es sind vierfache accolirte Säulenschäfte aus Pedra de Santagny mit einfach gekehlten Capitälen und abgefassten Postamenten. Von der südlichen Hausecke ziehen sich, theils blossgelegt, theils unter der Erde, die Grundmauern des alten Gebäudes hin, von dem noch ziemlich hohe, aber baufällige Mauern mit Fensterspuren auf der Westseite sichtbar sind, welche einst Stallungen, Scheunen etc. waren.

Das jetzige Haus ist ein einfaches Gebäude mit doppeltem Dach, graffitartigem (sgraffitoartigem) Bewurf und einem viereckigen Thurm auf der Nordwestecke. Von seiner oberen Terrasse aus kann man die ganze Umgebung beschauen. Im Erdgeschoss befinden sich zwei grosse Salons mit Azulejos an den Wänden; in dem einen, der als Tanzsaal benutzt wird, ist eine alte Pica. Die oberen Räume gewähren einen weiten Ausblick auf das Meer. In demselben befindet sich eine Sammlung alter mallorquinischer Möbel und im Speisezimmer eine solche von alten Fayencen. Ueberhaupt sind alle in den Zimmern befindlichen Gegenstände Industrieerzeugnisse der Insel, denn das Gebäude soll eben bis ins kleinste Detail ein mallorquinisches Landhaus darstellen. Im grossen Salon ist ein Bild des Padre Castañeda und der Beata Catalina Tomás, beide vor der Mutter Gottes knieend.

Ein Doppelgarten mit Steinbänken enthällt neben regelmässigen Pflanzengruppen Palmen, Opuntien- und Agavendickichte und allerhand Bäume, darunter einen uralten Citronenbaum, der der Ueberlieferung nach noch im alten Hofe gestanden haben soll. Epheu beschattet die Wände, und Weinreben grünen in üppiger Fülle. Hierzu bildet ein alter Bogengang des Klosters von Sta Magdalena in Palma, des jetzigen Militärspitals und ehemaligen Franziscanerklosters, in fast gleichem Alter mit dem Collegium von Miramar stehend, einen passenden Hintergrund. Die eleganten gothischen Bogen, welche bei der Demolirung des Klosterganges von dem Architecten Dn Pedro de Alcántara Peña aufgelesen und mir später geschenkt wurden, tragen ein Dach, welches nach der hinteren Seite zu auf den Mauern der Westseite des alten Gebäudes ruht. Von der alten Kirche besteht nur noch, wie schon erwähnt, die linke Seitenkapelle.

Von der früher zur rechten Seite stehenden Kapelle konnte ich keine Grundmauern, sondern nur einen Theil der Ziegelpflasterung auffinden. Sie ist durch eine Exedra mit Bank ringsum ersetzt und hat einen Springbrunnen in der Mitte. Diese Kapelle war dem Sn Cristo geweiht, während die linke, d. h. die noch jetzt bestehende, der Mare de Déu del Bon Port gewidmet war. Vor derselben ist jetzt eine Bogenhalle mit Terrasse und

Kanzel in der Ecke erbaut worden, und das Ganze wird von einem Glokkenbogen überragt. Die Glocke ist alt und trägt die Aufschrift: „Benedictus sit locus iste". Die gothische Kreuzwölbung, sowie der Altar und die ganze Ausstattung der Kapelle sind neu; alt ist nur das Altarblatt der Trinidad, anscheinend aus dem 15. Jahrhundert stammend. Die Seitenflügel werden durch zwei Bilder von Steinle mit Malerei von Meixner gebildet, die beiden Seligen Ramon Llull und Catalina Tomás darstellend. Ein eleganter Schrein enthält zahlreiche Reliquien, darunter drei Stücke des wahren Kreuzes; ihm gegenüber ist ein hübsches Kreuz aus der Renaissancezeit, welches schon in Miramar vorhanden war, und die schon erwähnte Glasurne mit den Knochen des Padre Castañeda aufgestellt. Ein gothisches Häuschen mit hoher Fiale aus Pedra de Santagny enthält eine silberne Mutter-Gottes-Statue mit den Exvotos der rohen modernen Mare de Deu de la Trinidad, welche sich gegenwärtig in der vor wenigen Jahren angebauten Sacristei befindet. Erwähnenswerth sind noch zwei polychromirte alte Marmor-Reliefs, anscheinend aus dem 13. Jahrhundert, welche Christi Grablegung und Auferstehung darstellen und früher in der alten Kapelle von Galatzó standen. Die modernen Kirchengeräthe und Paramente sind sämtlich stylgerecht in verschiedenen Ländern ausgeführt worden. Von der Ecke hinter der Kapelle, wo ein Rebendach mit rundem Tisch von Pedra de Binisalem steht, ist die alte Kirchenwand am besten zu schauen. An allen Sonn- und Feiertagen wird in der Kirche Messe gelesen und alljährlich am Tage der heiligen Dreifaltigkeit ein Fest mit Hochamt und Predigt und sich anschliessendem Festessen und Tanz gefeiert.

Das ganze Territorium von Miramar wird von zahlreichen Wegen durchkreuzt, Wald und bebaute Strecken wechseln bunt mit einander ab. Tritt man von der Plattform des Hauses, einige Treppen hinuntersteigend, auf eine mit Oelbäumen bewachsene Verflachung, an deren Rande sich ein kleines, aus der Cartuja stammendes gothisches Portal befindet, welches zum Mirador de Miramar leitet, so wird jeder Mensch hoch überrascht sein, wenn er hinabschaut und die schwindelnde Tiefe bis zum Meere übersieht, wo Fischerboote wie kleine Bojen erscheinen und Felsenspitze auf Felsenspitze, Vorgebirge auf Vorgebirge, von der sphinxartigen Foradada bis zur Punta de s'Aliga, von Bañalbufar auf einander folgen. Euphorbia dendroides, Mastixsträucher und Oelbäume umsäumen diese Felsenwarte und den Rand des Abgrundes. Geht man demselben entlang, so gelangt man zur Torre del Moro. In diesem Garten wachsen allerhand Blumenarten. Ein dreieckiger Safareig, in welchen das Wasser durch eine kleine, einst dem Hause Burgues, in welchem Karl V. in Palma wohnte, angehörige Thür herabrauscht, dient zur Bewässerung dieser Gartenanlagen.

Wir merken uns, daß Ludwig Salvator Miramar als eine Ruine mit einem großen Küstengrundstück ge-

Entrada de Miramar

kauft hat. Das jetzige Anwesen ist kein altes, mallorquinisches Herrenhaus sondern eine Schöpfung des Erzherzogs auf historischem Boden und der Basis einer Ruine. Heute ist Miramar, ich sage es nochmals, ein **privates** Landhaus. Wer es besichtigen möchte, muß von den Besitzern eingeladen sein! – Wir hatten dieses Vergnügen an einem regnerischen Septembertag 1985 und ich habe für Sie aufgeschrieben, was wir dort rund siebzig Jahre nach der Zeit des Erzherzogs gesehen haben:

Doña Isabel fuhr mit ihrem Wagen vor uns her und bog von der Autostraße auf einen kleinen, unscheinbaren Feldweg ab. „Privat-Grundstück, vor Hunden wird gewarnt" sagte das Schild links vom Weg. Unsere Autos zuckeln etwa 200 m durch Pfützen, welche der Regen auf dem Fahrweg zurückgelassen hat, dann erreichen wir jenen gotischen Kreuzgang der von dem Kloster St. Magdalena stammt und hier recht zusammenhanglos und von Betonteilen gestützt, herumsteht. Wir umrunden ihn und parken neben dem Treppenaufgang zum Haupthaus. Dieses Haupthaus ist viel kleiner, als ich es mir vorgestellt hatte, eher ein Einfamilienhaus auf dem Lande als der Wohnsitz eines K. und K. Erzherzogs. – Schließlich war Ludwig Salvator erst knapp 25 Jahre alt, als er Miramar 1872 gekauft hat und sein Einkommen war begrenzt.

Die angekündigten Hunde gibt es wirklich, aber da wir mit Doña Isabel gekommen sind, nähern sie sich schweifwedelnd. Es sind dunkle, kurzhaarige Vorsteherhunde, also echte Jagdhunde. Überhaupt ist dies ein Haus von Jägern. Im Untergeschoß hängen Käfige mit Lockvögeln nahe der Tür und als wir in die Halle treten, sehen wir Jagdgewehre an den Wänden hängen. Rechts geht es in eine Küche, die noch einen alten Sitzkamin aufweist, geradeaus, durch einen Doppelbogen, in jenen Bereich, den der Erzherzog neu anbauen ließ. Doña Isabel führt uns in einen großen dahinterliegenden Raum, der einmal als Tanzsaal gedient haben mag. Dort ist eine seltsame Marmorskulptur mehr abgestellt als aufgestellt, ein Denkmal für seinen Sekretär und „Seelenfreund" Wlatislao Vyborni, der erst 24jährig einem Sonnenstich erlegen ist – unter recht dramatischen Umständen, bei einer Fahrt mit dem Segelboot. Die Skulptur ähnelt jener, welche im Park von Son Moragues steht und die zu Christus betende Catalina Homar darstellt.

Hier hat Tantardini, ein anderer italienischer Bildhauer, die „Auferstehung des Wlatislao Vyborni" dargestellt, den ein Verkündigungsengel zum ewigen Leben erweckt. Das außerordentlich naturalistische Werk erinnert an jene Grabdenkmäler, die man auf italienischen Friedhöfen, besonders in Genua, antrifft.

Wir gehen zurück ins Freie. Die Hauswand ist mit einem hellen Ornament geschmückt, das nicht einfach aufgemalt ist, sondern sgrafittoartig aus zwei verschiedenfarbigen Putzschichten besteht. Auf der Meerseite gibt es eine große Kreuzform aus Steinbänken von etwa 60 cm Höhe. Das muß wohl der „Doppelgarten" sein, von dem der Erzherzog berichtet hat. Rechts davon liegt die von ihm wieder aufgebaute Kapelle der Mare de Deu del Bon Port. Sie sieht noch heute genau so aus, wie sie Ludwig Salvator beschrieben hat und ist auch innen unverändert erhalten. Alles ist in ausgezeichnetem Zustand, auch das alte Altarblatt der Heiligen Dreieinigkeit, zu dem die beiden Bilder des Malers Steinle, aus Prag, so genau passen, daß man sie fast gleichfalls für Renaissance-Bilder halten könnte. Auf dem linken Bild ist Ramon Lull dargestellt, der hier im 13. Jahrhundert Missionare ausbilden wollte und auf dem rechten Catalina Tomàs, die Heilige aus Valldemossa.

Die Beschreibung des Erzherzogs ist auch heute noch so zutreffend, daß sich eine Wiederholung erübrigt. Erwähnenswert ist wohl noch, daß es sich bei der linken Madonna um ein Geschenk des Papstes und bei der rechten um ein Geschenk der Kaiserin Elisabeth an Ludwig Salvator handelt.

Von Miramar aus ist heute die Aussicht zum Meer durch hohe Bäume gestört, aber man kann zu einem Mirador hinabsteigen. Von dort hat man dann den atemberaubenden Blick von der steilen Felswand hinab zum Meer und links und rechts entlang der phantastischen Küste. Dabei erkennt man links, ein paar hundert Meter entfernt auf einem Felskegel die Ruine der monumentalen Kapelle des seligen Ramon Lull und auch das Brückchen, das zu ihr hinüber führt. Der Erzherzog hat die Kapelle nach 1877 errichten lassen, anläßlich der Feier zum sechshundertjährigen Bestehen von Miramar. Ein Blitz soll sie in den sechziger Jah-

La Costa del Nord

ren zerstört haben. Anscheinend fehlt das Geld, sie ohne blitzeanziehendes Eisengeländer, wieder aufzubauen. Sie gehört anderen Eigentümern als Miramar und Son Marroig.

In Miramar durften wir sogar die oberen Wohnräume besichtigen, obgleich sie heute von den Eigentümern bewohnt werden. Auch sie sehen, nach hundert Jahren noch so aus, wie sie der Erzherzog geschildert hat, mit alten mallorquinischen Möbeln und alten Fayencen. Im Salon hängen noch die Bilder des Padre Castañeda und der Catalina Tomás. – Ganz offensichtlich sind die Eigentümer bestrebt, hier möglichst wenig zu verändern. Es genügt ihnen, eine „Ludwig-Salvator-Ambiente" mit Leben zu erfüllen. – Überhaupt erscheint das Haus von Miramar so bescheiden, daß es sich noch heute für eine gutbürgerliche Familie als Landhaus eignet, während das schloßähnliche Son Marroig von der gleichen Familie als Ludwig-Salvator-Museum eingerichtet wurde. – Gewiß ist es nicht ganz einfach, alle diese Häuser und Anlagen in gutem Zustand zu erhalten – ohne Kaiserlich-Königliche Einkünfte! –

Auch wenn Sie Miramar nicht selbst betreten konnten, können Sie, vom Mirador des Tudons aus, viel von seinem Reiz erfassen, besonders, wenn Sie meinen Erläuterungen gefolgt sind. – Danach können Sie zur Ermita zurückgehen oder, wenn Sie über solide Schuhe, Fitness und Abenteurergeist verfügen, in diesem Steineichenwald noch weitere, vom Erzherzog beschriebene, Sehenswürdigkeiten aufspüren. In diesem Falle empfehle ich, am Mirador des Tudons vorbei, noch ein Stück weiter zu wandern und nach knapp 100 m den nach rechts, aufwärts abzweigenden Pfad zu wählen, der über die alte Ruine Ses Ermites Velles wieder zur Ermita de Trinitat zurückführt. Falls Sie weiter geradeaus wandern, gelangen Sie an einem Hochsitz für Vogeljäger vorbei zu einer Trockenmauer und über diese hinweg zu einem Weg, der schließlich über den Estret de Son Gallard ins Hochgebirge über Miramar hinauf führt.

Der Weg zur Ruine Ses Ermites Velles, der alten Ermita, dagegen schlängelt sich sofort durch den Eichenwald aufwärts. Er ist fast zugewachsen und mitunter geht es über umgefallene Bäume, aber man braucht keine 10 Minuten, um den „Mirador der Waldeinsamkeit" zu erreichen, der aus sechs Steinbänken besteht, auf einer Felshöhe. Wie der Erzherzog schrieb, gibt es hier *„ringsum nur den dichten, mit Bartmoos versehenen Eichenwald",* jedoch die „Aussicht auf einen Teil der Foradada" ist zugewachsen. Dafür gibt es gleich daneben einen Coll des Tords, einen Hochsitz für den Vogelfang. Beim Weitergehen müßte man jetzt auf die Cova des Contrabando, „eine kleine, von Eichen beschattete Höhle" stoßen. – Aber Schmugglerhöhlen waren wohl schon immer so versteckt, daß man sie nicht gleich findet. –

Beim Weiterweg auf dem fast zugewachsenen Pfad muß man sich oft ducken und unter überhängenden Zweigen hinwegtauchen. Dann stößt er plötzlich auf eine Lücke in der hohen, alten Trockenmauer, welche um den Bereich der Ermita de San Juan (Ses Ermites Velles) eine große, rechteckige Einfriedung bildet. Links vom Weg liegt auch das kleine, dachlose Häuschen, aber keinesfalls eine *„kleine, oval gestaltete Höhle",* wie man sie laut Beschreibung des Erzherzogss (s.o.) hier erwartet. Die *„ungepflegten Bäume in wirrem Durcheinander"* dagegen beherrschen auch heute noch die Gegend und erschweren jede Orientierung. Durch sie hindurch führt ein Pfad in Richtung Meer, durch eine Mauerlücke, aus der Einfriedung hinaus – und da gibt es plötzlich doch noch *„das Häuschen, die Wege, die Cisterne und die Bänke der alten Einsiedelei"* – Gutwillige erkennen sogar in der Felswand dahinter eine ovale Höhlung. Ein wenig kommt man sich in diesem Zauberwald vor wie der Prinz, der Dornröschens Schloß sucht.

Von hier muß man sich erst wieder in den von der großen, hohen Mauer umfriedeten Bereich und auf den Hauptweg zurückfinden. Dann geht es in der ursprünglichen Richtung weiter, im geheimnisvollen, grünen Licht des Steineichenwaldes und durch die südwestliche Mauerlücke wieder aus der Umfriedung hinaus. Der Pfad von der alten Ermita zu der *„kleinen, maurischen Kapelle"* ist so zugewachsen, daß wir ihn nicht mehr gefunden haben. Wir konnten auch nicht feststellen, welcher breite Felsen „Mirador des Ermitans" genannt wurde. Einen Felsen mit guter Aussicht haben wir dort nicht angetroffen. Dagegen sind wir beim Weiterwandern auf eine kleine Höhle, links vom Weg gestoßen, das muß wohl die Cova Busquera sein. Gleich dahinter liegt ein breites, gemauertes aber trockenes Becken, vermutlich die Schweinetränke *„Bassa des Porcs".*

Immer noch auf der Suche nach dem Mirador des Eremitans, schlagen wir uns bei der Bassa des Porcs durch das Gesträuch bis zum Felsrand vor. Und da sehen wir plötzlich, wie eine Fata Morgana, die Kuppel der *„maurischen Kapelle"* über die Wipfel ragen. – Aber wie kommt man zu ihr hinunter? – Der Zickzackweg, der sich kurz hinter der Bassa des Porcs nach unten schlängelt, führt jedenfalls nicht dorthin. Er ist ziemlich zugewachsen, trotz seiner Breite schlecht passierbar und mündet oberhalb von Son Galceràn auf unseren Herweg.

Wir gehen also besser in gleicher Höhe auf dem Camí des Bosc weiter, über einen Kohlenmeilerplatz hinweg, am Hang entlang, bis wir rechts vom Weg die Steinbänke des Bufador des Ermitans liegen sehen. Die Felsspalte, aus der im Sommer kühle und im Winter warme Luft strömt, ist mit einem Türchen versehen. Wer dazu den Schlüssel hat, kann auch heute noch diesen „natürlichen Kühlschrank" benutzen. Vom Bufador sind es dann nur noch gut 100 m zum Parkplatz bei der Ermita de Trinitat. Von dort bringt uns unser Auto in fünf Minuten nach Son Marroig, das einen unkomplizierten Besuch in einem Haus Ludwig Salvators gestattet und Besuchern an allen Wochentagen offen steht – außerhalb der Siesta versteht sich! (14.00 – 16.30)

Übrigens, den Weg zur *„maurischen Kapelle"* haben wir erst beim vierten Anlauf gefunden. Vom Mirador des Tudons führt ein Zickzackweg aufwärts, der so zugewachsen ist, daß man ihn streckenweise nicht mehr passieren kann und leicht bei einem Zick das nächste Zack verpaßt. Im dichten, niedrigen Steineichenwald erkennt man die maurische Kapelle erst, wenn man kurz vor ihr steht. Aus ihrem Inneren ist das erwähnte Relief entfernt, sogar die Bodenfliesen hat man herausgebrochen. Es ist ein Jammer, wie die Anlagen des Erzherzogs in so kurzer Zeit verfallen!

A Miramar

Falls Sie Georg Sands Buch „Ein Winter auf Mallorca" besitzen, finden Sie auch dort eine Beschreibung des Besuchs der Ermita und einen begeisterten Bericht über den Zauber der Küste bei Valldemossa.

Son Moragues und der Reitweg des Erzherzogs ins Hochgebirge von Miramar

Son Moragues liegt bei Valldemossa, nahe dem Kilometerstein 71 der C-710. Schon von weitem sieht man das riesige Gebäude mit der verglasten Veranda vor der Felswand der Na Torta liegen, wenn man von Andratx anreist. Man kann es über zwei Wege erreichen, entweder über einen ungepflasterten Fahrweg, der rechts von einer Tankstelle bergauf führt oder über eine Fahrstraße, die neben dem großen Parkplatz von Valldemossa abzweigt.

Der Erzherzog hat das große Anwesen mit seinem zugehörigen, ausgedehnten Grundbesitz 1883 für 140.000 Duros auf Abzahlung gekauft und zeitweilig als Gästehaus genutzt. In seinen „BALEAREN" schreibt Ludwig Salvator:

Wie schon erwähnt, führt der neue Fahrweg von Valldemosa über Deyá nach Soller an dem Hause von Son Moragues vorüber. Auf dem vor demselben befindlichen Platze steht ein riesiger Celtisbaum, einer der grössten der Insel. Das grosse Haus bildet ein Viereck mit einem mittleren Hof. Der Rundbogeneingang ist mit Wappen verziert. Gegen Süden liegt ein eingezäuntes Gärtchen, zu dem eine Doppeltreppe vom ersten Stock hinabführt. An der Westseite hat das Haus eine lange, bedachte Terrasse, deren Träger eckige Säulen sind. Der Hof, mit einem Springbrunnen in der Mitte, zeigt nach zwei Seiten hin Bogenhallen. Gegenwärtig lasse ich das Innere des Hauses, von dem man scherzweise sagt, dass es so viele Fenster und Thüren aufweise, wie das Jahr Tage hat, zu einem Museo Industrial Agricolo der Balearen einrichten. Was man zuerst erblickt, ist der grosse Saal, welcher eine viel höhere Balkendecke hat, als alle übrigen Räume. Nebenan liegen die kleine Kapelle und der Zugang zur Terrasse, von wo man den unten liegenden Weinberg und die ganze flache Thal-

Eine Noria bei Palma

sohle mit dem sichtbar werdenden Meer überblicken kann. Schön ist die Aussicht auch von der Terrasse des kleinen Gartens gegen Valldemosa zu. Der Garten ist sehr fruchtbar, und Rosen und Banksien ranken sich am Hause empor. Ein eisernes Gitter führt zur Montañeta, ein terrassenförmiger und umzäunter Garten an der Hügellehne mit einer Stufentreppe, die am Ende in eine künstliche Höhle hineinführt. Etwas weiter oben stösst man auf einen grossen Sefareix, welcher den Montañeta-Terrassen das nöthige Wasser zur Befruchtung des Bodens giebt. Dort steht ein Thürmchen, welches als Taubenhaus dient. Unterhalb des Fahrweges ist ein grosser umzäunter Garten mit weinumrankten Lauben, in welchem allerhand Obst- und Gemüsesorten cultivirt werden. Oberhalb eines kleinen Orangengartens, neben einer hohen Palme, befindet sich eine künstliche Höhle aus der Zopfzeit. Ein Stufenweg führt von der Höhle am Wasser entlang zur Fahrstrasse hinauf. Unten im Garten ist eine ergiebige Quelle, deren Wasser mittelst einer Noria geschöpft wird.

Heute ist Son Moragues noch immer ein ausgedehnter Landbesitz, der landwirtschaftlich genutzt wird. Noch immer werden die ziemlich bitteren Oliven geerntet – noch 1979 ist die hauseigene Ölpresse zum letzten Mal benutzt worden – und die Schafe von Son Moragues weiden mit den Eseln unter den Ölbäumen. Das große Gutshaus jedoch dient vielfältigen Zwecken, denn irgendetwas müssen die Eigner ja damit anfangen, um die Mittel für die Erhaltung und ihren Lebensunterhalt aufzubringen.

Der Erzherzog war ein großer Freund von Ausstellungen. Er hat wohl alle Weltausstellungen seiner Epoche besucht, aber außerdem auch viele andere Ausstellungen, wie sie in der zweiten Hälfte des 19. Jahrhunderts an vielen Orten zur Förderung von Gewerbe und Handel veranstaltet worden sind. Auf solchen Ausstellungen hat er oft Preise erhalten, auf der Weltausstellung in Paris für seine großbändigen „BALEAREN" und in Sóller für seinen Malvasia-Wein vom Weingut Estaca, aber auch für seine Hühner. Er wollte in Son Moragues ein „Museo Balear" einrichten, teils mit einer Sammlung von Altertümern, hauptsächlich aber mit einem konzentrierten Angebot von Industrie-, Ackerbau- und Naturprodukten der drei Baleareninseln. Diesem Projekt war wohl nur ein recht begrenzter Erfolg beschieden. Über dem Haupttor von Son Moragues können wir noch die Reste der Beschriftung erkennen, die als Mosaik mit Goldgrund ausgeführt worden war.

In gewissem Sinne ist Son Moragues auch heute noch ein Museum. Da gibt es zunächst einige Wohnräume mit Möbeln und Bildern aus dem Besitz des Erzherzogs, neben einer Terrasse, die er überdachen und mit alten mallorquinischen Säulen schmücken ließ sowie im Park eine höchst seltsame Marmorstatue, seine Geliebte Catalina Homar darstellend, die einen segnenden Christus anbetet, welcher die Züge des jungen Erzherzogs trägt. Ein schöneres Denkmal hat der Erzherzog der Tischlertochter aus Valldemossa selbst geschaffen, mit seinem romantischen Büchlein „Catalina Homar". Viele Mallorca-Bücher berichten

Una Dona de Feina, a Miramar

über diese Romanze falsch und unzutreffend. Der Erzherzog war nie verheiratet und Catalina Homar ist nicht mit 28 sondern mit 48 Jahren gestorben.

In den zahlreichen Räumen von Son Moragues können mehrere Hundert Touristen gleichzeitig abgespeist werden und in einigen Räumen des ersten Stockes hängen Fotos, Dokumente und Zeichnungen des Erzherzogs an den Wänden. Dann gibt es aber auch noch eine Art mallorquiner Heimatmuseum, aber dieses Museum ist, im Gegensatz zu La Granja, nicht täglich geöffnet. Es gibt jedoch „Busfahrten nach Son Moragues", von den Reiseveranstaltern organisiert. Da dürfen die Teilnehmer selbst kleine Eselkarren vom nahen Busparkplatz ein Stück durch das

Gelände und dann nach Son Moragues zurück kutschieren. Dort gibt es dann Paella oder gegrilltes Fleisch sowie andere mallorquiner Leckerbissen und viel Rotwein. Handwerker fertigen Holzschnitzereien sowie Emaillearbeiten und man kann die alte Ölmühle sowie Ställe voll alter Geräte besichtigen.

Das alles ist ein Spaß des Massentourismus! – Wenn Sie jedoch gern einmal einen Eselkarren kutschieren oder Kindern eine Freude machen wollen, fragen Sie doch mal in einem Reisebüro oder bei Ihrem Reiseleiter nach. – Falls Sie aber Son Moragues selbständig besuchen, kann es sein, daß entweder alles geschlossen ist oder gerade die Besatzung von sechs Bussen die Küche blockiert. Sie können aber vorher über Tel. 61 22 22 anfragen.

Der Erzherzog empfiehlt den Aufstieg ins Hochgebirge in seinem Büchlein „Winke für die Besucher von Miramar" wie folgt:

In dem Hause von Son Moragues, zu welchem eine Strasze vom Hauptweg führt, den man wieder erreichen kann ohne umzukehren, so dasz das Berühren von Son Moragues für diejenigen, welche von Palma nach Miramar fahren, eher eine Abkürzung wird, ist ein Museo Balear begonnen worden, eine Sammlung von Industrie-, Ackerbau- und Naturprodukten der drei Inseln. Von der Höhe der daneben gelegenen Muntañeta übersieht man schön das ganze flache Hochtal von Valldemosa mit Son Ferrandell gegenüber und namentlich die am Fusze von Son Moragues sich ausbreitenden Obst- und Gemüsegärten. Auf der Höhe der Muntañeta ist ein groszes rundes Wasserdepot, das aber nur von einer sehr kleinen Quelle gespeist wird. Die Hauptquellen, welche die Horts (Gemüsegärten) bewässern, liegen etwas tiefer.

Man wird von Son Moragues aus am besten das sich hinter Miramar erhebende Gebirge der Sa Talaya veya besteigen, und zwar durch das Tal, welches zwischen Son Moragues und Son Gual liegt, an der Font de S'Abeurada vorbei. Bei der Barrera des Plá des Pouet erreicht man auf gutem Saumpfade ein waldiges Hochtal, durch welches ein Weg führt. Wir wollen aber den zur Linken liegenden einschlagen, um zu dem Mirador de na Torta zu gelangen, der gerade oberhalb der Muntañeta von Son Moragues gelegen, prächtig das ganze Tal von Valldemosa übersieht. Zieht man von hier bis zur Sohle des Hochtales, so führt von hier wieder ein Weg zum Mirador de Can Costa, der mit Zinnen versehen, nicht blosz das Tal von Valldemosa, sondern auch die darunter gelegene Küste überblickt. Von hier hinaufsteigend, gelangt man zur ersten (855 m), dann zur zweiten höchsten Koppe der Talaya veya (869 m) die weit und breit das Gebirgsland der Insel und die Ebene bis zum fernen Cabrera übersieht. Es steht dort ein Schutzhäuschen mit Küche. Steigt man von hier gegen das obere Ende des Hochtales, so kommt man, an dem Mirador des Garriguer, welcher gerade oberhalb Miramar liegt, vorüber, zum Estret de Son Gallart, durch welchen ein ziemlich steiler Pfad am Fusze von Felsenwänden zur Hospedería hinabführt.

Von der Höhe de S'Estret de Son Gallart zieht ein anderer Weg an Ses tres Osques vorüber, über steile, senkrecht abfallende Wände zum Puig Caragolí (oder Gros) (946 m), mit herrlicher Aussicht auf das Tal von Deyá und den Hafen von Soller und über das öde Plá de S'Aridja am Fusze des benachbarten Teix zu den Cases de sa Neu, wo man in früherer Zeit Schnee anzusammeln pflegte, um ihn dann zur Sommerzeit zu verkaufen. Durch den schönen Hochwald von immergrünen Eichen der Escayerats, erreicht man das Tal von La Coma und mithin Valldemosa und Son Gual, aus dessen Turm man schön die Ortschaft, das Meer der Nordküste, das Tal de S'Estret gegen Palma zu, und das am fernen südlichen Meereshorizonte auftauchende Cabrera übersieht.

Ludwig Salvator empfiehlt also den Aufstieg ab Son Moragues. Das ist zwar grundsätzlich möglich, aber nachdem ich es ausprobiert habe, möchte ich davon abraten, denn schon zum Einstieg müssen private Türen geöffnet werden und man muß geschlossene Gatter überklettern. Zum Hochgebirge über Miramar steigt man heutzutage am besten von Son Gual aus auf. Ich habe die volle Wanderung über den Reitweg des Erzherzogs und den Gipfel des Teix bereits in meinem Band 3 „12 klassische Wanderungen durch Mallorca" geschildert. Das ist eine Wegstrecke von sechs Stunden, ohne Pausen, mit gut 800 m Anstieg bei mehrmaligem Auf und Ab. Das dürfte für viele Menschen zu anstrengend sein. Ein tröstlicher Hinweis: Der Erzherzog selbst ist in seinen späteren Jahren recht füllig gewesen und meist auf seinem weißen Pferd in die Berge geritten, im Sommer mit Sonnenschirm, wie ein Photo zeigt. Das muß jeden Reiter verwundern, der weiß, wie leicht Pferde vor Schirmen scheuen. – **Wir wollen uns also heute auf die Wanderung von Son Gual über Es Pouet, den Mirador des ses Puntes (Mirador de Can Costa), den Atalya Vella mit der Schutzhütte des Erzherzogs und den Abstieg vom Estret de Son Gallard zurück nach Son Gual beschränken.** Das sieht so aus:

● Weststrecke:
3 Stunden ohne Pause oder mögliche Nebenwege.
● Steigung:
Insgesamt 460 m.
● Anfahrt:
Mit Bus oder Privatauto nach Valldemossa

Wenn man auf der C-111 von Palma nach Valldemossa fährt, biegt man hinter dem Ortsschild zweimal rechts ein. Dann sieht man vor sich Son Gual, ein altes Herrenhaus mit Wehrturm. Es dürfte jenem Capitan Ramón Gual gehört haben, der am 1. Oktober 1552 einen maurischen Piratenüberfall auf Valldemossa zunichte gemacht hat. Die Räuber hatten sich bereits wieder auf den Abstieg zu ihren Schiffen begeben, mit reicher Beute und vielen gefangenen Frauen und Kindern, die sie in die

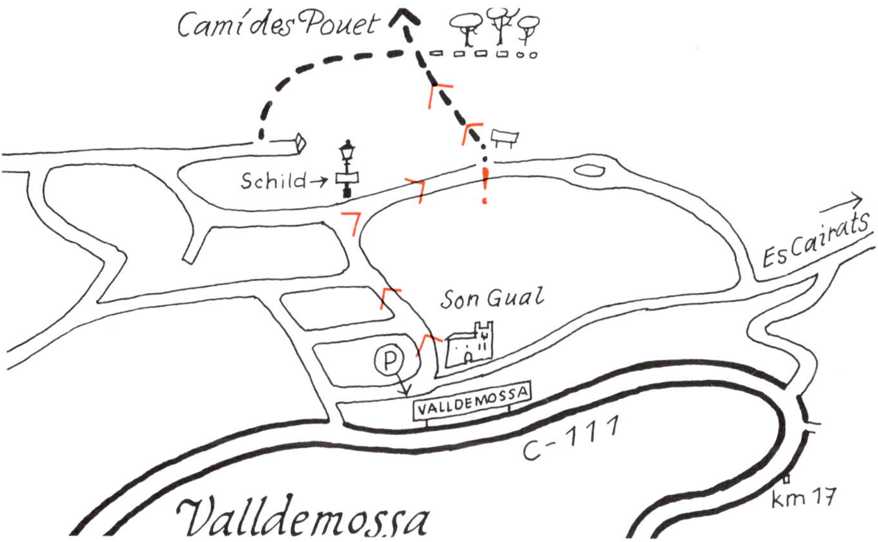

Sklaverei schleppen wollten, als die Mallorquiner über sie hergefallen sind. Ramón Gual konnte die Gefangenen befreien und mit der wiedergewonnenen Beute triumphierend nach Valldemossa zurückkehren.

Wir parken bei diesem historischen Son Gual und wandern in Richtung Berg durch ein Urbanisationsgebiet. Zwei Straßen biegen links ab und auch unsere Straße macht erst einen Schlenker nach links dann nach rechts, um auf eine Querstraße und ein Hinweisschild an einem Laternenpfahl zu stoßen „PUDJADA EN ES TEIX? MIRADÓ DE SES PUNTES? CAMÍ D'ES POUET" mit einem Pfeil, der eine Linkskurve beschreibt. Heute jedoch folgen wir diesem Pfeil nicht, sondern gehen rund 50 m nach rechts, wo wir, zwei Meter über die Straße, auf einem Hang aus rotem Sand, den brutal abgeschnittenen Beginn eines alten Karrenweges erkennen. Wir krabbeln hinauf und befinden uns am Anfang des Camí d'es Pouet. Links vom Weg verläuft die offene Rinne einer antiken Wasserleitung. Der alte Köhlerweg führt auf einen Einschnitt im Berg zu, überquert einen anderen Weg, taucht in einen Mischwald aus Aleppokiefern und Steineichen und beginnt anzusteigen.

Nach fünf Minuten, ab Wegbeginn, erreichen wir ein erstes, offenes Gattertor und gleich zwei Gehminuten weiter ein zweites, das wir übersteigen müssen. Kurz dahinter kommen wir an eine große Rechtskurve. Wenn wir an dieser Stelle rund 30 m nach links gehen, erreichen wir die Front de S'Abeurada, an der vorbei ein Karrenweg nach Son Moragues hinunterführt. – Die Rechtskurve ist der Beginn einer Vielzahl von Serpentinen, die jetzt steil durch den Steineichenwald ansteigen. Es gibt

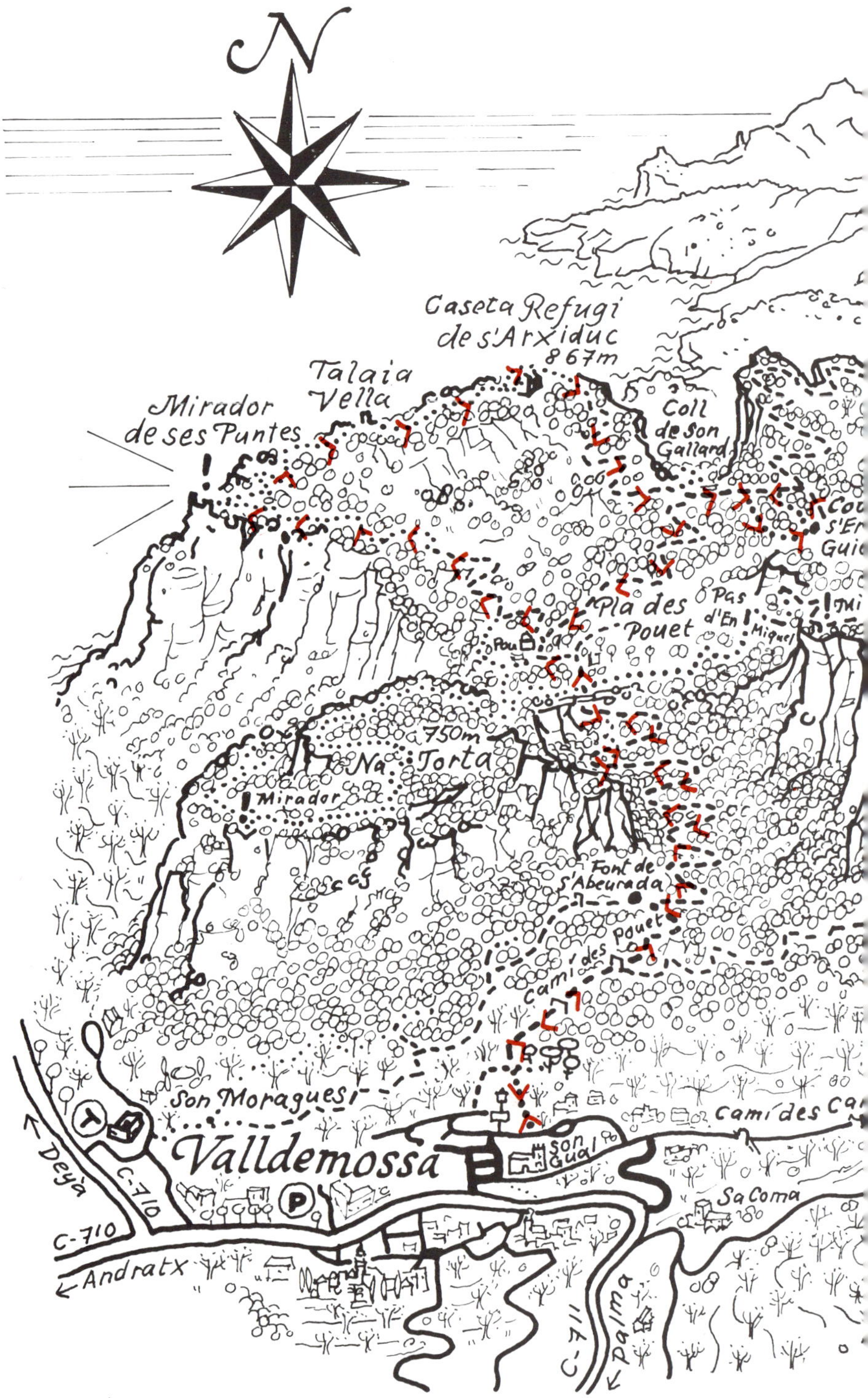

N
Caseta Refugi
de s'Arxiduc
867m
Talaia
Vella
Mirador
de ses Puntes
Coll
de Son
Gallard
Pla des
Pouet
Pas
d'En
Miquel
Pou
750m
Na Torta
Mirador
Font de
S'Abeurada
camí des Pouet
Son Moragues
Valldemossa
Son
Gual
camí des Ca
Sa Coma
Deyà
C-710
C-710
Andratx
C-711
Palma

Auf den Reitwegen des Erzherzogs in das Hochgebirge von Miramar

© H. W. Heinrich

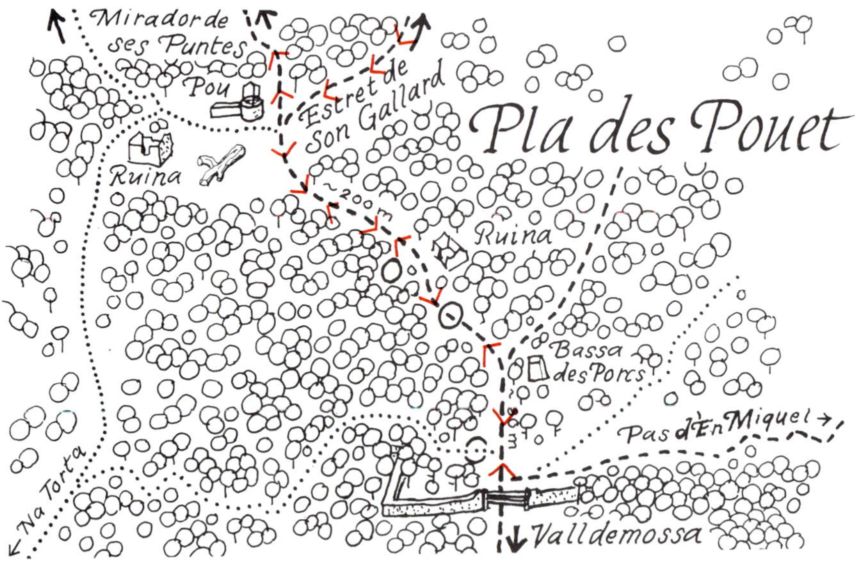

immer wieder noch steilere Abkürzungspfade, bis wir schließlich ein Tor in einer Trockenmauer erreichen. Es ist die vom Erzherzog genannte „Barrera des Plá des Pouet".

Je nach Kondition braucht man 40 - 50 Minuten, bis zu diesem Tor, hinter dem die Hochebene von Es Pouet mit einer kleinen Lichtung beginnt. Dieses Tor ist meistens mit einer Barriere verrammelt, die man überklettern muß. Bei meinem letzten Besuch jedoch war das Tor offen und die Rundhölzer der Barriere lagen rechts an der Trockenmauer. Die Hochebene Pla des Pouet wird von einer verwirrenden Vielzahl von Wegen durchschnitten und bildet so eine Art von „Verteilerkreis" für die Wege und Pfade in die umliegenden Berge. Man kann hier leicht einen falschen Pfad erwischen. – Falls Sie also merken, daß Ihre Hauptrichtung nicht mehr stimmt, sollten Sie besser zurück gehen: (Siehe Zeichnung!)

● Wer gleich rechts hinter der Trokkenmauer aufsteigt, gelangt auf einen Reitweg, der über den Pas d'cn Miquel zur Hochebene, Plat dets Aritges, führt.

● Wer 20 m hinter dem Tor über eine alte Sitja nach links abzweigt, gelangt auf einen Pfad, der auf den Berg Na Torta (750 m) führt – ohne noch wesentlich anzusteigen. Er ist der vom Erzherzog erwähnte Weg zum Mirador de na Torta. Er ist ziemlich zugewachsen und die Abzweigung zum Mirador schwer zu finden. Andererseits jedoch können Sie nur von dort den Blick auf Son Moragues von oben genießen. – Also, falls Sie Abenteuer lieben, bitte! – Es ist ein zusätzlicher Weg von fast einer Stunde.

Auf dem direkten Weg zum Mirador de ses Puntes folgen wir ab Tor dem gut erkennbaren Pfad 80 m geradeaus, bis er sich gabelt. Rechts im Wald versteckt liegt hier eine Schweinetränke (Bassa). Wir halten uns links und überqueren eine Sitja. Nach drei Minuten erreichen wir so eine Lichtung, auf der ein großer, geschälter Baum liegt. Daneben sehen wir den Brunnen Es Pouet, dessen Wasser wohl nicht zum Trinken geeignet ist. Hier gibt es wiederum mehrere Wege, die man leicht verwechseln kann. Wir halten uns rechts, am Brunnen vorbei, auf einem breiten Weg, der sofort ansteigt und sich nach links wendet.

● Rechts von unserem Weg verläuft ein anderer Weg, der zunächst eben durch den Wald der Pla d'es Pouet führt, um dann mit Serpentinen zum Estret de Son Gallard anzusteigen. – Hier werden wir später wieder herunterkommen.

● Links, an einer alten Hausruine vorbei, führt ein schmaler Pfad, der später auf unseren Weg zum Mirador de ses Puntes mündet.

Der Weg zum Brunnen Es Pouet ist seiner ganzen Anlage nach ein alter Karrenweg der Köhler und Kalkbrenner. Von hier aus beginnt jedoch der vom Erzherzog angelegte Reitweg. Der ist weniger breit und an vielen Stellen etwas erhöht, aus Steinen gefügt. Wir sind von Son Gual bis Es Pouet rund 300 m angestiegen und fast 700 m hoch. Zum Sa Talaia Vella müssen wir weitere 160 m ansteigen. Das ist aber nicht mehr so anstrengend, obgleich der Weg oft zugewachsen ist. Es geht durch lichten Wald auf milden Serpentinen aufwärts. Bald können wir links auf Na Torta (Die Torte) hinunterblicken, dann kommen wir an einer Sitja mit gut erhaltenem Brotofen vorbei und können kurz dahinter auf den Mirador de ses Puntes hinaustreten. 30 Minuten ab Es Pouet.

Der Erzherzog hat hier eine zinnengekrönte Schutzmauer anlegen lassen. Hinter ihr fällt die Felswand 400 m ab zu einer fruchtbaren Ebene, deren rechter Rand noch immer 400 m über der Steilküste liegt. In einem Einschnitt windet sich, für uns unsichtbar, die Serpentinenstraße nach Port de Valldemossa hinunter. Ganz hinten liegt der Galatzó vor dem Planici und unten, am Meer, schimmert hell die Punta de S'Águila bei Port des Canonge. Alte Herrensitze thronen über Ölbaumterrassen, Fischerboote oder auch einmal Küstenfrachter schwimmen 800 m unter uns in der blauen See. Gleich unter dem Mirador liegt Can Costa und rechts am Hang die Ermita de Trinitat. Wir blicken hinab zu einer Ideallandschaft, wie sie ein Maler der Romantik erdacht haben könnte. Die Kaiserin Elisabeth (Sissy) von Österreich, die Gemahlin des Kaisers Franz-Josef, war begeistert von den Spaziergängen durch diese wunderschöne Küstenzone. Sie hat ihren Cousin, Ludwig Salvator, 1892 und 1893 in Miramar besucht. Die schlanke Kaiserin konnte ausgezeichnet laufen und wandern. Als der rundliche Erzherzog sie einen Tag lang begleitet hatte, seufzte er abends: „Diese Frau ist ein Teufel. Sie hat Feuer in den Beinen und mich fast umgebracht."

Zum Weiterweg müssen wir ein paar Meter zurück. Von dort steigt der Reitweg in Windungen zum ersten Gipfel des Talaia Vella (856 m). Mehr als 70 Jahre sind seit dem Tode des Erzherzogs vergangen und die Steineichen haben begonnen, den Reitweg zurück zu erobern. An einzelnen Stellen ist er so zugewachsen, daß man diese Stellen umwandern muß. Dafür können wir aber dann erstmals zu der eindrucksvollen Felsen-Halbinsel mit dem Loch, zur Punta de Sa Foradada hinunterschauen. Den ersten Gipfel des Talaia Vella ziert leider nur eine weiße Vermessungssäule, und kein alter Wachtturm, wie man ihn hier, dem Namen nach, erwarten würde. Schon von dieser Kuppe können wir zur Ebene von Palma hinuntersehen, noch großartiger jedoch wird der Ausblick 400 m weiter, wenn wir den zweiten Gipfel (867 m) erreichen. Dort steht Es Refugi, die Ruine des stilvollen Schutzhäuschens, das der Erzherzog hier anlegen ließ. 25 Minuten ab Mirador.

Schade, daß so viele schöne Dinge, die der Erzherzog uns hinterlassen hat, zerfallen, vom Blitz zerschlagen oder auch ausgeräubert worden sind! – In Son Marroig kann man beobachten, welche Mittel und welcher persönliche Einsatz erforderlich sind, um das alles instandzuhalten. Im SECONA-Naturschutzpark Son Moragues kann der Reitweg des Erzherzogs mit öffentlichen Mitteln erhalten werden – aber der größte Teil der Hinterlassenschaften Ludwig Salvators zerfällt leider in privater Hand. Überlegungen einer Finanzhilfe sollten in Betracht ziehen, daß die Bedeutung der Hinterlassenschaften Ludwig Salvators als touristische Attraktionen eher zunehmen wird – allein dieses Buch ist ein Schritt auf diesem Wege! –

Auf den Felsen, unterhalb der Schutzhütte, ist eine Rast fällig. Diesen grandiosen Ausblick kann man nicht in wenigen Sekunden erfassen. Von hier kann man an der Nordwestküste entlang zu den höchsten Bergen der Insel schauen, die hinter der Galera hervorlugen. Davor erkennen wir das Tal und die Küste von Deyá. Rechts ragt jene etwa 900 m hohe Steilwand, an deren Rand der Reitweg des Erzherzogs am Caragolí (944 m) vorbei in Richtung auf den Teix (1.062 m) führt, um durch das Tal Sa Coma des Cairats wieder nach Valldemossa hinunter zu steigen (Beschreibung s. Band 3). Wenn wir in das Tal, zum Coll d'Estret de Son Gallard, hinabschauen, sehen wir, wie der Reitweg von dort zur Höhe der Steilwand aufsteigt. Von der Schutzhütte aus kann man aber auch zur anderen Seite, in Richtung Palma, weit über die Ebene von Mallorca hinweg bis zur Inselgruppe Cabrera blicken.

Beim Abstieg über den Col de Son Gallard ist es zweckmäßig, nicht gleich die direkte Richtung über das lockere Gestein einzuschlagen. Wer sich meerwärts hält, stößt viel schneller wieder auf den Reitweg, der sich dann rechts zum Coll hinabwindet, teils bereits als zugewachsener Camino perdido. Nach einem Abstieg von 15 Minuten treffen wir unten in der Senke auf einen Coll de Tordos, einen Anstand der Vogeljäger, die

Caza al Coll, Vogelfangnetz

hier mit feinen Netzen auf die Drosseln lauern. Die Singdrosseln fallen in großen Schwärmen in die Ölbaumplantagen ein und fressen sich an den Oliven satt. Danach fliegen sie gern in den speziell angelegten Schneisen in die Bergwälder zum Übernachten. In jenen Schneisen lauern dann versteckt die Jäger. Diese Art der Jagd wir von den mallorquiner Bauern seit jeher betrieben und „Tordos con col" ist ein beliebtes Gericht – ob uns das nun gefällt oder nicht. Die Drosseln schmecken ähnlich wie die bei uns beliebten Wachteln. Jetzt muß ich wohl noch ein paar mallorquiner Begriffe klären: „Estret" nennt man eine enge Stelle zwischen Bergen oder Felsschluchten. Ein „Coll" ist ein Paß, eine Senke zwischen zwei Anhöhen und ein „Coll de Tordos" ein Paß für Vögel, mit einem Hochsitz für die Jäger. Unten, beim Coll d'Estret de Son Gallard, treffen wir also auf einen solchen „Coll de Tordos" und dahinter auf eine Steinbank. An dieser Steinbank entlang führt der bereits erwähnte Reitweg auf die Steilwand. Er bietet wunderschöne Ausblicke nach Deyá und zum Teix. Aber die Strecke über den Caragolí erfordert einen weiteren anstrengenden Aufstieg und dauert gut eine Stunde länger – und ich weiß nicht, wie es mit Ihrer Kondition steht. Zu verfehlen ist der Abstieg durch die Coma des Cairats kaum.

Einen besonders authentischen „Ausflug in die Vergangenheit" bietet der Besuch der Höhle des Einsiedlers Wilhelm (Cova de s'Ermità Guiem oder Sa Cova de s'Ermitag de Son Moragues), die nur 10 Minuten vom Coll de Son Gallard entfernt liegt. Sie sieht noch genau so aus, wie sie in „Die Balearen" abgebildet ist. Der Erzherzog hat ihre Lage wie folgt beschrieben. Er geht dabei von der Pla de es Pouet aus:

Verfolgt man dagegen den Hauptweg weiter, so gelangt man hinter einer Barrera an einen breiten Bergkessel, der von vier Höhen umgeben ist; links erheben sich Es Plá des Pouet und S'Atalaya Vella, rechts Es Puig de s'Ermita und Es part d'en Miguel. Hier befindet sich ein kleiner Brunnen mit einer Bassa für die Schweine. In der Mitte ist ein Eichenwald und das Häuschen des Pouet mit einer danebenstehenden alten Tenne. An der Bassa und Comellar de sa Teulada vorübergehend, streift man eine abgeflachte Thalsohle, deren Vorhandensein man, von unten kommend, gar nicht ahnt. Steigt man aber zur Rechten hinauf, so kommt man zum Puig de s'Ermita, die sich innerhalb des kleinen Corral für die Schafe befindet. Hier überschaut man die ganze Insel gegen Westen zu, vom Thale von Valldemosa bis zur Bahia de Palma. Man hat die Stadt, Bellver, die Sierra de la Burguesa, die Mola de Son Noguera, das Cap del Llamp von Andraitx, den Puig d'en Galatzó, die Mola de Planici, Son Buñola und die Punta de s'Aguila vor Augen. Vor der kleinen, theilweise natürlichen Höhle der Ermita steht ein steinerner Tisch, beschattet von einem kleinen Eichenbaum. Das durch drei Fenster erleuchtete Innere zeigt niedrige Stalaktithöhlen und ist durch eine Wand in zwei Abtheilungen getrennt, von denen die hintere zwei steinerne Ruhestätten für die Einsiedler und einen kleinen Pfeiler enthält. Vor dem Eingange stehen zwei kleine Bassins zur Aufnahme des Wassers aus einer Quelle.

Trotz dieser unzureichenden Beschreibung habe ich die Höhle im dichten Eichenwald gefunden. Wenn Sie die Cova de s'Ermità Guiem besuchen wollen, gehen Sie am besten

Sa Cova de s'Ermita de Son Moragues

am Coll d'Estret de Son Gallard an der Steinbank entlang in Richtung zum Caragolí. Nach sechs Minuten folgen Sie einem deutlichen, steingestützten Fußweg, der rechts abzweigt und in gleichbleibender Höhe am Hang entlang durch den Steineichenwald führt. Bereits nach zwei Minuten stoßen Sie auf eine Lücke in einer Trockenmauer und gleich dahinter auf den vom Erzherzog erwähnten Stein-Corral für die Schafe.

Wenn man ihn betritt, sieht man auch gleich den etwa 1,50 m breiten Höhleneingang vor sich. Es geht etwas abwärts in einen Höhlenraum, dessen natürliche Fenster mit aufgeschichteten Steinen verschlossen sind. Links ist eine gemauerte Erhöhung, auf der ein mit Tüchern und gedruckten Heiligenbildern geschmückter Altar offenbar noch heute der Andacht dient. Links, hinter dem Altar, liegt erhöht eine Nische, durch die man in einen finsteren, runden Höhlenraum von etwa 6 m Durchmesser klettern kann. Wahrscheinlich war das der Schlafraum des Einsiedlers. – Falls Sie eine Mütze dabei haben, sollten Sie diese aufsetzen, ehe Sie jetzt, rechts vom Altar, weiter in die Höhle eindringen. Die Räume sind niedrig und die Mütze wird Stoß und Schmerz etwas mildern. Gut, wenn Sie eine Taschenlampe dabei haben! Es geht zunächst in eine etwa 6 m lange, teilweise gemauerte Kammer, dann in einen Raum von etwa 5 m Durchmesser, der weiter in einen immer flacher werdenden Gang ausläuft, der durch eine Öffnung im Fels etwas Licht erhält. Alles riecht ein wenig muffig und feucht. Der Einsiedler Guiem wird wohl mit Rheuma zu kämpfen gehabt haben – bislang konnte ich noch nichts über ihn erfahren. – Wer weiter zum Caragolí wandern möchte, kann gleich hinter dem Corral zum Reitweg aufsteigen.

Es gibt auch die Möglichkeit, vom Coll durch den Estret Gallard, also zum Meer hin, abwärts zu wandern. Wenn man sich da im Zweifel links am Hang hält, kommt man in den Wald oberhalb von Miramar, mit den geheimnisvollen Gebäuden, und schließlich zur Ermita de Trinitat. Dieser Bereich ist in diesem Buch an anderer Stelle beschrieben, aber verlaufen können Sie sich in dieser Richtung leicht mehrmals und schließlich ist es noch weit von der Ermita bis zum Auto! –

Recht unkompliziert dagegen kommen Sie wieder zum Son Gual zurück, wenn Sie vom Estret de Son Gallard über Es Pouet absteigen. Zum Brunnen führt ein guter Weg in einer knappen halben Stunde hinunter und von dort können Sie auf dem bereits bekannten Weg in 45 Minuten zurück zu Ihrem Auto gelangen. – Wenn Sie nun in Valldemossa die Karthause besichtigen wollen, werden Sie feststellen, daß die von 13.30 bis 15.00 Uhr geschlossen ist. Dann können Sie ja erst einmal sehen, ob Sie in Son Moragues etwas zum Essen bekommen. – Mir schmeckt dort die Parillada de Carne besonders gut. Auch ein Spaziergang am alten Waschhaus vorbei durch die Ölbaumterrassen ist lohnend. Man kann sehr gut verstehen, daß die Kaiserin Elisabeth von dieser Gegend begeistert war.

Nach 15 Uhr sollten Sie dann doch noch die Karthause besuchen, falls Sie die noch nicht kennen. In dem alten Karthäuserkloster wird vor allem der Kurzaufenthalt von Georg Sand und Chopin vermarktet. – Dennoch, die Karthause ist sehenswert und die Terrassengärten verträumt und fast unwirklich romantisch. Im angeschlossenen Museo municipal gibt es auch einen Saal mit Erinnerungsstücken an Ludwig Salvator: Bücher, Zeichnungen, Briefe und eine Porträtbüste, welche den jungen Erzherzog darstellt. Die im gleichen Saal ausgestellten Gemälde gehören zur Sammlung eines Herrn Costa und haben mit dem Erzherzog nichts zu tun.

Man wird seltsam berührt, wenn man die vergilbten Fotos und Zeichnungen betrachtet, Reminiszencen einer kaum vergangenen, eigenartig dekadenten Epoche. Wer den Erzherzog begreifen will, muß wohl eher seine Texte lesen oder ein wenig auf seinen Spuren wandeln. –

Die abenteuerliche Kletterei durch den Torrent de Pareis, welche auch der Erzherzog bereits beschrieben hat.

Wegstrecke: 5 Stunden
Steigung: Es geht 630 m bergab, teils über glatte, glitschige Felsen. Gefährlich!

Anfahrt: mit dem Auto bis Escorca (km 25 der C-710). Die Abholung von Sa Calobra muß organisiert werden!

Über die Wanderung durch den Torrent de Pareis hatte ich Widersprüchliches gehört und gelesen. Es gab beklommene Berichte der „Noch-einmal-Davongekommenen" aber auch gefährliche Verharmlosungen („Der große Polygott 77/78"), welche Schwierigkeitsgrad und Gefährlichkeit überhaupt nicht erwähnen. Auch der Erzherzog berichtet nur über die optischen Eindrücke und läßt die fast fünfstündige Kletterei durch ein Gewirr glattgeschliffener Felsblöcke einfach fort:

Man geht dem Torrent entlang und durchschreitet das wilde Torrenten-Kesselthal, das unten von dem tiefen Ravin schlängelnd durchfurcht und im Hintergrunde von der Spitze des Puig Mayor überragt wird. Der Weg erreicht wieder den Torrent, die steilen Wände werden nun höher, die Scenerie grossartiger, in den Gebüschen schwirren unzählige Vögel, welche mit den summenden Fliegen die hier herrschende Stille unterbrechen. Zur Rechten bietet sich uns der Pas de Beverons dar, der nach Cosconár führt. Ein grosser Felsen im Torrent heisst Sa Peña des Burgá, nach dem links einmündenden gleichnamigen Seregaj so benannt. Hier gewährt der Torrent de Pareys, der sich dann auf einmal zu dem Entreforc verengt, einen prachtvollen Anblick.

Ein Blick nach hinten ist hier von seltener Schönheit. Die hohen, steilen Wände, auf beiden Seiten mit tiefen Höhlen und Tropfsteingebilden, geben ein wirkungsvolles Bild. Nicht weniger großartig sind die Wände des Entreforc mit dem Torrent zur Linken, der aus dem Gorch Blau herabkommt, eine steile, enge Schlucht mit Epheu, Lorbeer, wilden Feigenbäumen und Alaternen an den Seiten, die alle aus den Felsenklüften emporwachsen. Man geht dann ein Stück auf dem steilen, theilweise im Felsen ausgehölten Bett bis zum Passet hinauf;

an den Felsenwänden sieht man viele Pruneras bordas. Dann folgt ein ebener Seiteneingang zwischen den steilen aneinandergerückten Felsenwänden; hier herrscht ein kühler Luftzug. Nun berühren die hohen Wände einander und lassen nur eine schmale Schlucht zwischen sich, wo zwei Felsen herabgestürzt und oben stecken geblieben sind. Es ist eine der wildesten Scenerien, die man sich denken kann. Zahlreiche Tauben girren hier, angelockt durch die Kühle der Luft.

Man nennt die Stelle den Peñal Entravessat; darunter befindet sich ein tiefer Gorch; dann folgen Sa Fosca und Es Tu, wo die obere Spalte der Schlucht sich etwas erweitert. In der Tiefe hört man das Wasser rauschen. Der Torrent nimmt nun seine Richtung nach Norden; man trifft die Llosa und eine ziemlich tiefe Höhle, unten von Venushaarfarn bedeckt; grosse Felsen schauen herab, und der Torrent ist übersäet mit Felsstücken. Zur Linken zieht sich der Single des Porcs mit einer Höhle in den Felsenwänden hin, und nahe am Torrent liegt die Cova des Romigueral; dann geht es zum Estaló hinab. Dieser wird so genannt, weil die Leute jährlich einen Kieferstamm mit Aesten und Einschnitten hierher bringen, der gleichsam als Treppe dient und den die Winterregengüsse wieder hinwegschwemmen. Es folgt der Gorch de sa Fiquera. Der kleine Wasserfall Ses Voltas stürzt herab, und man gelangt zu einem Felsen, der den zwischen hohen Felsen fliessenden Torrenten zu versperren scheint. Unzählige Singvögel halten sich neben weidenden Schafen hier auf. Auf beiden Seiten der zerklüfteten Felsen sieht man mächtige Höhlen. Nach einem engen Felsenpass erweitert sich der Gesichtskreis, und man gelangt in eine grosse Ausbreitung mit Schotterufer, hinter welchen sich der Torrent vermittelst eines Einschnittes in die Felsenwände ins Meer ergiesst. Der Torrent de Pareys hat in schnee- und regenreichen Jahren stets Wasser, im Sommer allerdings nur auf sehr schmale, kaum sichtbare Streifen beschränkt.

Es bleibt nachzutragen, daß die Kletterei – mein Bleistift sträubt sich, das Wort „Wanderung" zu verwenden – durch den Torrent de Pareis in den meisten Jahren nur in den Monaten Mai bis September ratsam ist. Aber selbst dann kann es einem passieren, daß man knietief durch Wasser waten oder sogar schwimmen muß! – Das ganze Abenteuer sollten nur Menschen unternehmen, die topfit, mutig und trittsicher sind. Große Bergerfahrung kommt nicht recht zum Zuge. Wer zu Ängsten neigt oder Kreislaufprobleme hat, sollte den Torrent de Pareis meiden! –

Heute steigt man normalerweise von Escorca ab (nahe Kilometerstein 25 der C-710). Wenn man sein Auto dort geparkt hat, ergibt sich ein Transportproblem: Wie kommt man von Sa Calobra wieder nach oben? Eine Gruppe, die über zwei Autos verfügt, kann eines unten abstellen – oder eine Person, die nicht mitklettert, bringt den Wagen nach unten. Auch mit Autostop hat man gute Chancen, wieder nach oben zu kommen. Vielen Wanderern hat der Wirt

Der Entreforc im Torrent de Pareys

des empfehlenswerten „Restaurant Escorca" (Spezialität „Cabrito", Ziegenbraten) mit seinem Lieferwagen (Furgoneta) geholfen.

Wandernden Engländern empfiehlt ein Buch, von Palma nach Inca die Bahn zu benutzen, dann den Bus nach Lluc zu nehmen und von Lluc nach Escorca zu wandern – falls in Lluc kein Taxi wartet. – Ich habe in Lluc noch niemals ein wartendes Taxi gesehen! – Von Sa Calobra kann man nachher mit dem Schiff nach Port de Sòller fahren, von dort mit der antiken Straßenbahn nach Sòller und weiter mit der Eisenbahn durch Berge und Tunnel nach Palma. – Falls Sie das riskieren und in einen einzigen Tag pfropfen möchten, bitteschön! Boots- und Eisenbahnfahrt sind wirklich eindrucksvoll. Aber das kann man ja auch an einem anderen Tag machen, an dem man nicht außerdem noch den Torrent de Pareis durchklettern will. –

Ich habe den Torrent beim ersten Mal mit einer Gruppe mallorquiner Bergsteiger durchquert. Die Furgoneta des Restaurants hatte den Rücktransport zum Parkplatz gesichert. Anlaß war die Festa de Sant Bernat de Menton, der als Schutzheiliger der Bergsteiger gilt. Ihm zu Eh-

Salpás
Padre Rafael
12.4.85

ren wurde unten im Torrent eine Messe gehalten.

Wir haben uns am 16. Juni bereits um 6 Uhr früh bei Escorca getroffen. – Das bedeutete Aufstehen mitten in der Nacht, denn von Palma über Inca auf gewundenen Bergstraßen bis zum alten Pfarrkirchlein Sant Pere d'Escorca (13. Jahrhundert) muß man eine gute Stunde Fahrzeit rechnen! –

Parkmöglichkeiten sind hier reichlich vorhanden. Zum Abstieg in das Tal des Torrent geht man zunächst, hinter dem Kirchlein links, eine Treppe hinauf, vorbei an einem alten Olivenstamm, der dort aufgestellt ist und wie eine bizarre Plastik wirkt. Dahinter geht es erst nach rechts dann nach links durch ein Eisentor. Ein Schild an der Mauer weist nach links zum „Torrent de Pareis". Dorthin wendet sich der Pfad hinter einem dort aufgestellten, hellen Betonrohr.

Vorweg lief Padre Rafael, ein Priester aus dem Kloster Lluc und Gemeindepfarrer von Escorca. Diese Gemeinde besteht aus einer Reihe meist abgelegener Bauernhöfe. Der kleine Padre zählt 1985 bereits 78 Jahre, ist aber noch immer rüstig. Er gilt als der beste Kenner dieses Bereichs der Serra Tramuntana. Der liebenswürdige Padre genießt in Kreisen der mallorquiner Bergsteiger große Hochachtung ich möchte fast sagen „Verehrung".

Zehn Minuten nach dem Aufbruch erreichen wir ein zweites Eisentor, das mit Hilfe eines kleinen Leiterchens überklettert werden muß. Vier Minuten später geht es an einer Art Wegweiser vorbei. Aber auf den kleinen Schildern stehen keine Ortsbezeichnungen sondern Sätze in Mallorquin. Unser Pfad ist gut ausgebaut und führt durch Ölbaum-Gelände gemächlich bergab. Selbst in der Morgendämmerung ist er ohne Mühe erkennbar.

Die Bäume werden seltener und geben den Blick frei hinunter in das tiefe Tal des Torrent de Lluc, das links in einen Canyon mündet. Auf dem gegenüberliegenden Steilhang thront ein großes Gebäude, die Ruine der Kaserne der Carabinieros (Quarter das Carabiners), welche hier einst die Schmugglerpfade kontrollieren sollten. Rechts ragt das Massiv des Puig Roig. Man kann deutlich die helle Felswand mit den Höhlenhäusern von Es Cosconar erkennen.

Von hier geht es auf langgestreckten Serpentinen, an einem càrritxbedeckten Hang entlang, abwärts. Man kann bereits den mit Felsblöcken übersäten Grund des Torrent-Bettes erkennen. Wir nähern uns dem linken Rand des Hanges, der durch Felsen begrenzt wird und kommen an ein paar Feigenbäumen vorbei. Hier zweigt der Pfad nach unten rechts ab. Aufpassen! Sein Anfang ist von Càrritx verdeckt und schwer erkennbar. – Wenn Sie diese Abzweigung verpassen, kommen Sie an eine Stelle, wo der Pfad vor dem Felsrand endet. Auch von dort kann man sich, rechts hinab, wieder zu dem Pfad nach unten durchschlagen.

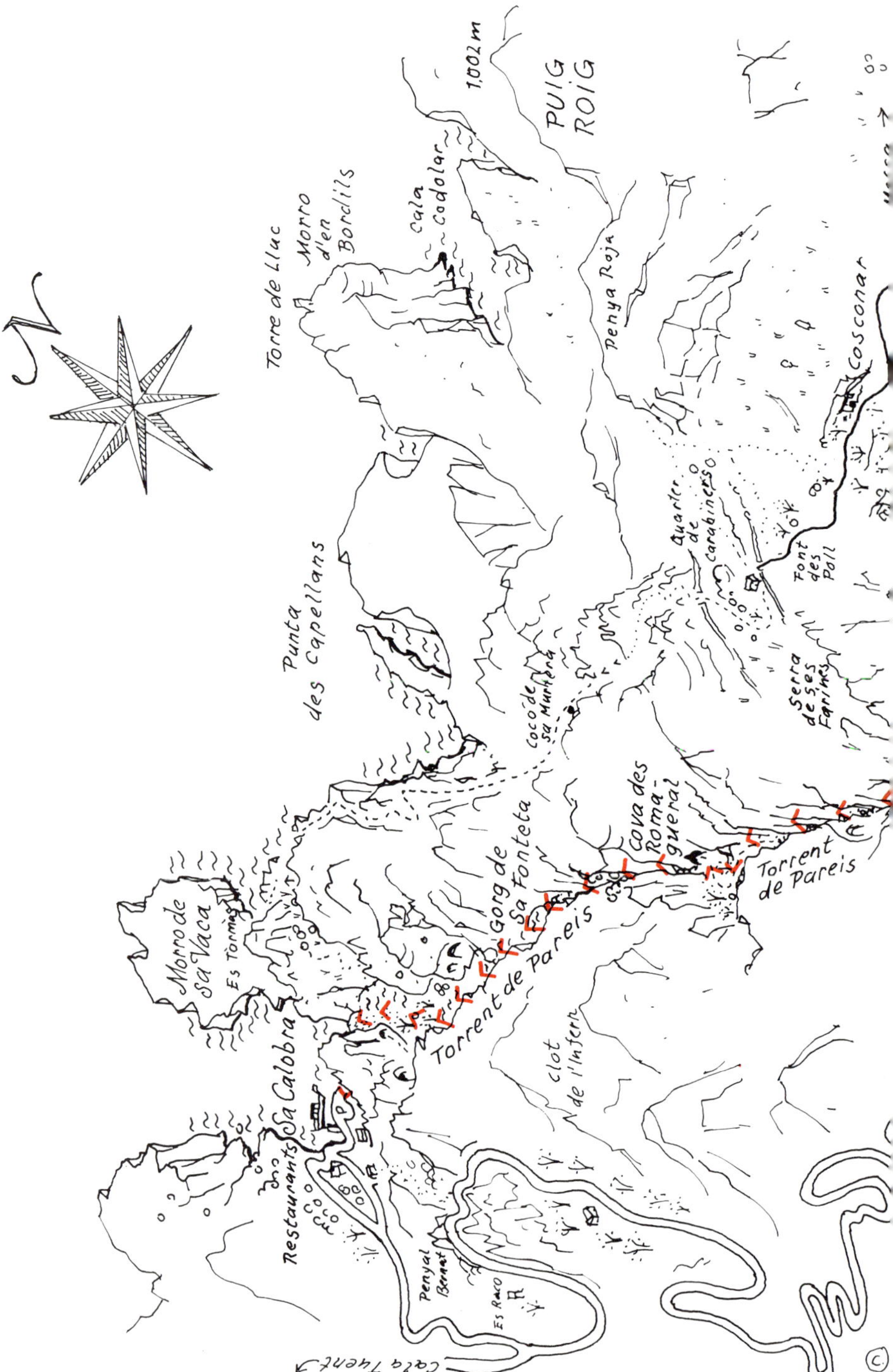
N
Torre de Lluc
Morro d'en Bordils
Cala Cadolar
1.002 m
PUIG ROIG
Penya Roja
Punta des Capellans
Cosconar
Quarter de carabiners
Font des Poll
Serra de ses Farines
Cocó de sa Murtera
Cova des Romagueral
Gorg de Sa Fonteta
Torrent de Pareis
Torrent de Pareis
Morro de Sa Vaca
Es Tormos
Sa Calobra
Restaurants
Clot de l'Infern
Penyal Bernat
Es Racó
Cala Tuent

Die abenteuerliche Kletterei durch den Torrent de Pareis von Escorca nach Sa Calobra

Den Grund des Torrent de Lluc erreicht man nach knapp einstündigem Abstieg. Es geht zunächst auf einem Pfad ganz an der linken Wand entlang, oberhalb der Felsblöcke nach links, in den engen Canyon hinein. Efeu versucht, die Steilhänge zu erklimmen, die jetzt an beiden Seiten rund 300 m aufragen. Es gibt Höhlen im Gestein, von rechts kommt der Torrent dels Boverons von Cosconar herab. Nach viertelstündigem Marsch durch und über die Felsblöcke erreichen wir den Entreforc, eine Erweiterung im Canyon. Hier kommt von links der Torrent des Gorg Blau durch die enge, finstere Klamm Sa Fosca und vereinigt sich mit dem Torrent de Lluc zum Torrent de Pareis, dem „Zwillings-Torrent" oder „vereinigten Torrent".

Die begeisterte Schilderung des Erzherzogs trifft hier voll zu. Es hat sich nichts geändert. Nur auf einen flachen Felsblock, mitten im Entreforc, hat jemand ein Pfeilkreuz gemalt. Es weist zurück nach Lluc, rechts nach Calobra, geradeaus in die enge Fosca und an dem Betrachter vorbei auf eine glatte Felswand von der Höhe des Empire State Buildings. Da hat der Spaßvogel in unkorrektem Katalan geschrieben: „MILLOR NO ENERI" (Da entlang sollten Sie besser nicht gehen!). – Von der Fosca sagt man, daß es sich um das am schwierigsten zugängliche Gebiet der ganzen Insel handele. Man kann durchaus ein Stückchen in die Klamm eindringen, wer dann weiter will, braucht eine Ausrüstung für Höhlenforscher: Kletterseile und Schlauchboot. Die ersten Eindringlinge sollen zwei Tage gebraucht haben, um wieder herauszufinden! –

An der Bergsteigermesse im Entreford mögen etwa 70 Personen teilgenommen haben. Ein kleiner Klappaltar wurde auf Steinen und Rucksäcken errichtet. Meßgewand und Kelche hat Padre Rafael im Rucksack mitgeführt. – Schade, daß ich seine Predigt, in Mallorquin, so gar nicht verstanden habe! – Die Wände des Entreforc stiegen auf, wie ein gewaltiger Dom, die verstreuten Felsblöcke dienten uns als Sitze.

Nach der Messe kletterten etwa 50 Mallorquiner, hauptsächlich jüngere Bergsteiger, aber durchaus auch ein paar ältere Leute, sowie Jugendliche ab 12 Jahre, durch den Torrent de Pareis, wie auf einer Ameisenstraße. Zunächst jedoch geht es rechts einen càrritxbewachsenen Hügel hinauf. Links liegen gewaltige Felsblöcke als unüberwindliche Sperre. Der Pfad klettert daran vorbei, führt abwärts und dann gibt es plötzlich keinen Pfad mehr. Die „Ameisen" verschwinden unter einem gewaltigen Stein, wie in einer Höhle. Es entsteht eine kleine Stauung, denn man muß vorsichtig auf den vom Wasser glatt geschliffenen Felsen soweit hinabklettern, daß man auf dem Hosenboden ein letztes Stückchen hinunterrutschen und dann noch etwas springen kann.

Diese Situation wiederholt sich auf dem Weiterweg noch einige Male. An besonders schwierigen Stellen werden die Rucksäcke voraus- und hinabgereicht. Dann kommen wieder offene Strecken und man kann über rundliche Felsen und ausgewaschene Becken recht gut abwärts hüpfen. Beim Abstieg von Escorca zum Grund des Torrent de Lluc sind wir rund 350 m hinuntergewandert. Von dort zum Meer klettern wir also ganz nebenbei noch 280 m bergab. Gelegenheiten, sich die Beine zu brechen gibt es hier reichlich. – Ich erinnere mich an Presseberichte über die Hubschrauber-Rettung einer jungen Französin mit Unterschenkel-Fraktur aus dem Torrent und über die Auffindung des „Skeletts einer jungen, männlichen Person" im Torrent. Aber bei unserer Gruppe von „Ameisen", die sich gegenseitig hilft und kaum Zweifel läßt, ob man nun um den nächsten Felsklotz links oder rechts herum steigen muß, kommen ängstliche Gefühle gar nicht auf.

Ich spüre nichts von jener Beklemmung, von der Leute berichtet haben, die hier unter falschen Voraussetzungen entlang geklettert sind. Um die Großartigkeit der Szenerie in sich aufzunehmen, muß man dann und wann stehen bleiben, denn beim Laufen nimmt der Kletterweg die ganze Aufmerksamkeit für sich in Anspruch. Wir erleben den Torrent de Pareis trocken und müssen weder schwimmen noch durch Wasser waten. Badehose und Plastiksandalen bleiben im Rucksack.

Irgendwo gibt es eine Kiesstrecke, dann einen unüberwindbaren Absatz von 5 m Höhe. Ein Pfeil weist hier links aufwärts. Der Umgehungspfad führt 40 Meter in eine Seitenschlucht aufwärts und senkt sich dann wieder zu einer Stelle, von der man zu den Felsblöcken im Torrent hinabklettern kann. Rechts liegt eine hohe, große Höhle, die Cova des Romagueral. Der Weg geht an ihr vorbei und auf einen Schlund zu. „GRASSOS ESTRENYEU-VOS" (Fette Leute müssen sich hier dünn machen) steht rechts an der Felswand.

Wieder werden die Rucksäcke vorausgereicht und dann heißt es Klettern und Hüpfen! – Irgendwo, als wir wieder in einem Loch, zwischen Felsblöcken nach unten gleiten, gibt es dann auch einen angelehnten Baumstamm, auf dem man hinuntersteigen kann – genau so wie es schon weiland Ludwig Salvator vom Estaló berichtet hat.

Schließlich wird es ebener. Das Auge wird nicht mehr ständig vom Passage-Suchen gefesselt und kann zu den hohen, steilen Wänden emporwandern. Links läuft Wasser von oben an der Wand herab und fließt in kleinen Strahlen von dunklen Moosbüscheln zum Boden. Dieses Wasser ist viel kühler, als das inzwischen lauwarme Wasser in den mitgeführten Plastik-Flaschen.

Mittlerweile ist es nämlich halb elf und am 16. Juni bereits recht warm – selbst im schattigen Canyon! Der Rücken, unter dem Rucksack, beginnt zu schwitzen. Die Hitze wird wohl auch der Grund sein, für den frühen Beginn dieser Wanderung. –

Jetzt liegt rechts vom Weg ein wunderschöner Teich zwischen den Felsen. Auch an seinem Rand gibt es eine kleine Quelle, die in den Teich plätschert. Irgendwo, hinter dem rechten Steilhang liegt der wilde Felsbereich, den man durchklettern muß, wenn man auf dem Landweg zum Morro de sa Vaca vordringen will. Das ist eine bizarre, einsame Landschaft in der ich noch Schwarzen Geiern begegnet bin. – Der Canyon weitet sich und wir müssen nochmals rechts unter einem gewaltigen Felsblock, der die ganze Schlucht zu sperren scheint, hindurchklettern. – Dieser Block jedoch kommt mir irgendwie bekannt vor. – Kein Wunder! Gleich dahinter öffnet sich das enge Tal zu der von Sa Calobra aus zugänglichen Mündung. Der Felsblock ist mir tatsächlich bekannt, weil ich ja schon einmal von Calobra aus, wie viele Besucher, ein Stückchen in den geheimnisvoll lockenden Torrent de Pareis vorgedrungen bin. – Damals ging es nicht weiter, weil alles unter Wasser stand.

Heute jedoch ist das Mündungsgebiet trockener, als ich es je zuvor erlebt habe. Der Weg, an den hohen Wänden und an vielen großen Tropfsteinhöhlen vorbei, ist eine Promenade. Und dann strahlt plötzlich die blaue See vor uns, zwischen den Felswänden und hinter einer Kiesbank, welche hier das Meer vom Brackwasser trennt.

Auf dieser Kiesbank ruhen bereits einige Wandergefährten in ihren Badehosen – aber sie gehen nicht ins Meer, um sich abzukühlen! – „Warum?" – „Medusas!" Kleine, braune Nesselquallen gefährden heute die Schwimmer. Da man die Biester im flachen, klaren Wasser auch ohne Tauchmaske erkennen kann, wage ich ein kurzes, erfrischendes Eintauchen. Es gelingt mir auch heil wieder heraus zu kommen. Da macht Schule, aber den rechten Spaß haben wir doch nicht an dem gefährlichen Bad.

Um 12 Uhr soll uns die Furgoneta des Restaurants ESCORCA wieder nach oben bringen. Ich gehe also durch den Tunnel vor zum Parkplatz am Hafen der Ausflugsboote. Dort gibt es zwar mehrere Restaurants, aber keine Furgoneta. – Macht nichts! ein Wanderkamerad nimmt mich in seinem Auto mit. Nach 20 Minuten Fahrt, über die berühmte Serpentinenstrecke, sind wir wieder oben in Escorca bei Kirche und Restaurant. Ich finde, jetzt habe ich mir eine gebratene Ziegenschulter verdient und bestelle mir zwei kühle Biere dazu.

Wer den Torrent de Pareis zum ersten mal allein durchquert, wird eher sechs Stunden brauchen, weil er an vielen Stellen erst die richtige Passage suchen muß. – Aber es gibt bestimmt eine Passage, auch wenn sie unter Felsen hinweg oder durch eine kleine Höhle führt! Nirgendwo muß man gefährliche Tiefen hinabspringen, dennoch bleibt es eine Felskletterei mit einigen Tücken. Und falls die „Kletterbäume" hinweggespült sind, geht es auch ohne sie.

Das Castell de Santueri,
seit hundert Jahren kaum verändert

Wer heute einen Ausflug zur Bergruine von Santueri, bei Felanitx, unternimmt, wird diese Besichtigung meist mit einem Besuch von San Salvador und Porto Colom verbinden oder im Sommer, den langen Sandstrand Platja des Trenc einbeziehen. – Eine glatte Asphaltstraße führt bis vor das Burgtor, so daß es keine rechte Wanderung zum Castell de Santueri gibt, etwa vergleichbar den Wanderungen zum Castell del Rei oder zum Castell d'Alaró. Man könnte allenfalls auf der Autostraße ab C-714 anwandern und dabei Seitenwege benutzen.

Die schmale Zufahrtstraße zum Castell de Santueri zweigt etwa 2 km südlich Felanitx von der C-714 ab, welche Felanitx mit Santanyi verbindet. Es ist eine schöne Straße, die in einem stillen Tal ansteigt und am malerischen, hinter Zypressen versteckten Gutshof Es Castell vorbei, über eine S-Kurve nach 3,5 km den Parkplatz vor dem Burgaufgang erreicht. Im Gutshof mußte man früher den Torschlüssel zur Burg abholen.

Schon von weitem sieht man die helle Steilwand des Burgfelsens vor sich liegen. Ebenso wie das Castell del Rei und das Castell von Alaró ist hier in grauer Vorzeit ein Berg mit Steilwänden und flacher Kuppe zur Fluchtburg ausgebaut worden, indem man die wenigen zugänglichen Stellen mit Verteidigungsanlagen versehen hat.

Der Aufgang zur Burg sieht, vom Parkplatz aus, noch genau so aus, wie er im Buche Ludwig Salvators abgebildet ist – vielleicht etwas mehr verwittert. Ein Stufenweg führt aufwärts zum runden Torbogen. Im Schatten dieses Torbogens sitzt ein junger Mann, der für ein paar Peseten Eintrittskarten verkauft – Kinder brauchen nichts zu bezahlen, montags ist der Eintritt frei. Öffnungszeiten: 9.30 Uhr bis zum Einbruch der

Dämmerung. Falls dennoch geschlossen sein sollte, kann der Schlüssel in Es Castell abgeholt werden. Was dann hinter dem Tor kommt, entspricht der Schilderung des Erzherzogs:

Nicht minder interessant wie S^n Salvador ist das alte Schloss Santuiri, eine der vier mittelalterlichen Burgen Mallorca's und die am besten erhaltene von allen. Der Weg von Felanitx dahin führt von der Fahrstraße von Santagny links hinauf, in kurzer Entfernung an dem grossen Possessionshause von Ca Coma vorüber, dann weiter an Can Burguera und anderen Häuschen mit grossem Orangengarten vorbei. Das coupirte Terrain gestaltet sich zu einer Art Thal, am Fusse des Castell stellenweise mit Strandkiefern bewachsen. Das Schloss zeigt sich vor uns mit seinen hohen Felsenwänden, an beiden Enden mauergekrönt und von Zinnen überragt. Rechts vom Castell ist ein steiniger Vorsprung mit durchbrochenem Felsen, Sa Roca Foradada genannt; diesem folgt ein abgerundeter Hügel. An Can Aigueta des Castell, dann an einigen Orangenbäumen und kleinen Quellen vorbei, gelangt man zum eigentlichen Hause des Castells, oberhalb dessen sich ein kleiner Sefareix befindet, spärlich ernährt durch sikkerndes Wasser, das einige Gemüseterrassen mit Opuntien bewässert. Der Pfad führt an Strandkiefern, wilden Oelbäumen und üppigen Mastixsträuchern vorbei zu den Felsenwänden des Castells. Vorerst aber wollen wir einige Worte über die Geschichte dieser Feste sagen. Einige alte Urkunden bezeichnen diese mit dem Namen San Lueri und Montueri; man glaubt, dass sie von sehr altem Ursprung sei, vielleicht aus der römischen Periode stammend und zur Vertheidigung der einst stark besuchten, benachbarten Häfen von Porto Colom, Porto Petra und Cala Llonga errichtet. Wie einige mallorquinische Chroniken behaupten, indem sie sich auf ein Document aus dem Jahre 1229 beziehen, besass damals dieses Schloss ein Conde de Rosselon y de Cerdaña, der bei der 115 Jahre vor der eigentlichen Eroberung durch Jaime I. erfolgten Eroberung der Insel durch den Conde D^n Ramon Berenguer de Barcelona mitgekämpft hatte.

(Wie das, lieber Erzherzog? Der Conde de Rosselon y de Cerdaña müßte doch 1229 mindestens 135 Jahre alt gewesen sein!)

Nichtsdestoweniger war bei der allgemeinen Vertheilung der Insel durch Jaime I. das Schloss Santuiri eins derjenigen, welche sich der Eroberer bei dem Tausche der Insel mit der Grafschaft Urgel zurückbehielt. Im Jahre 1285 eroberten die Krieger von D^n Alfonso de Aragon das Schloss, in welches sich viele dem Könige D^n Jaime II. de Mallorca treu gebliebene Ritter geflüchtet hatten. Kurze Zeit darauf ergab sich das Schloss ein zweites Mal, und zwar dem D^n Pedro IV. von Aragon nach der Schlacht von Llummayor, welche dem Reiche und dem Leben von D^n Jaime III., dem letzten Könige von Mallorca, ein Ende machte. Durch Verordnung im Jahre 1406 wurde dem Castellan befohlen, das Schloss

Schloß von Santueri (Südseite)

in Vertheidigungszustand zu setzen und die Befestigung zu verstärken um einem auf Mallorca befürchteten Maurenangriffe Widerstand zu leisten. Die Wichtigkeit, welche dieses Schloss hatte, ist aus den verhältnissmässig grossen Summen, welche das Patrimonio real zu dessen Erhaltung verwendete, ersichtlich. Die letzten Maurerarbeiten, von denen man Kunde hat, sind die im Jahre 1552 ausgeführten. Der Eingang des Schlosses ist sehr malerisch. Ueber dem Rundbogenthor erblickt man ein Wappen; zu beiden Seiten ist die Wand mit Schiessscharten versehen. Zur Linken befindet sich eine gewölbte Casematte mit Rundbogeneingang, dahinter der runde Eckthurm mit Kragsteinthür, Quaderkuppel und Schiessscharten. Das nördliche Ende des Schlosses gegen den sich mächtig aufthürmenden S^n^ Salvador zu ist mit einer in stumpfe Winkel vorspringenden Befestigung mit Schießscharten versehen; hierauf folgt ein kleiner viereckiger, zinnengekrönter Thurm, der den etwas ansteigenden Bergrücken vertheidigt. Innerhalb des Thores ist eine gemauerte Vertiefung mit Brunnen und kleinen Tränken daneben. Etwas weiter befindet sich ein stark gewölbter, aujubartiger, mit röthlichem Trispol bedeckter Bau. Gegen Süden ist eine kleine Thür und ein Anbau, der eine Vorhalle zu bilden scheint. Die Südseite, d. h. die dem Meer zugekehrte, ist die interessanteste und war am meisten befestigt. Wir finden hier mehrere gewölbte Räume, die wahrscheinlich als Cassematten benutzt wurden. Auf einem Vorsprunge des Hügels ist eine, zwei vorspringende stumpfe Winkel bildende Wand, hinter welcher sich ein Steinbruch befindet. Darauf folgt eine Hausruine, und dieser gegenüber stehen zwei Thürme: ein kleiner niedriger und ein grösserer, der aus Quadern erbaut worden ist. Eine Mauer

Die Gruppe des Sⁿ Salvador und das Castell de Santuiri

verbindet den Thurm mit dem Eingange des anderen Eckturmes. Dem Castellthore gegenüber befindet sich ein Vorsprung, der als Obstgarten Verwendung findet.

Es bleibt zu fragen, welche drei mittelalterliche Burgen nach Ansicht des guten Erzherzogs schlechter erhalten sind. In Santueri gibt es gewiß mehr erhaltene Türme und Mauern als auf dem Castell del Rei oder dem Castell d'Alaró, aber in Capdepera ist gewiß mehr erhalten und das Castell de Bellver ist zweifellos auch eine mittelalterliche Burg (die fünfte) und der Erzherzog hat selbst geschrieben: „Bellver kann als eine der am besten erhaltenen militärischen Bauten des 13. Jahrhunderts angesehen werden."

Es wäre noch zu berichtigen, daß sich das Schloß bereits 1343 dem König Pere von Aragonien ergeben hat und nicht erst nach der Schlacht von Llucmajor (Llummayor), 1349. Widersprüchlich erscheint auch die Geschichte vom Conde de Rosselon y de Cerdeña, der einerseits 1229 das Schloß von Santueri besessen und andererseits 115 Jahre vor der eigentlichen Eroberung Mallorcas, also bei der pisanischen Eroberung von 1115 unter dem Conde Don Ramón Berenguer de Barçelona mitgekämpft haben soll. – Da, verehrter Erzherzog, scheint Ihnen, oder den mallorquinischen Chronisten, soviel durcheinander geraten zu sein, daß es nur mit arbeitsaufwendigem Quellenstudium möglich wäre, alles zu entwirren. –

Nicht beschrieben hat der Erzherzog den Ausblick vom Castell de Santueri. Er wird im Norden vom Puig de San Salvador (509 m) begrenzt, der die Mauern des bekannten Santuarios trägt und den Burgberg um rund 100 m überragt. In alle anderen Richtungen jedoch kann man weit schauen, im Osten an den steilen Felsen hinunter zum Hafenbecken von Porto Colom, im Süden bis Cabrera und im Nordwesten am Berg von Randa vorbei über die mallorquiner Zentralebene bis zu der langgestreckten Serra Tramuntana.

Bootsausflug zur Piraten- und Schmugglerinsel Sa Dragonera

Wegstrecke: Vom Hafen zum alten Leuchtturm und zurück gut 2 ½ Stunden

Steigung: 376 m
Anfahrt: Keine regelmäßige Bootsverbindung mit ausreichender Aufenthaltsdauer

Wer je die bizarre Silhouette der Insel Dragonera von La Trapa aus bestaunen konnte, wie sie im Abendlicht unwirklich wie die Insel Thule aus dem rötlich schimmernden Meer aufsteigt, oder auch nur von Sant Telm aus ihre seltsame Form bewundert hat, die an einen im Wasser ruhenden Drachen erinnert, wird leicht von Sehnsucht erfaßt. Er spürt den Wunsch, diese Insel einmal zu besuchen und aufzusteigen zu dem alten Leuchtturm, der auf der höchsten Felsspitze wie eine Gralsburg thront.

Dieser Wunsch erfüllt sich freilich nicht leicht, selbst dann, wenn man Bootseigner zu Freunden hat, denn der winzige Hafen auf Sa Dragonera ist flach. Segelyachten fürchten zurecht den Kontakt von Kiel und Felsen! – Schlauchboote dagegen können auch in einigen Buchten der Südostküste landen – bei ruhiger See! Dem Erzherzog Ludwig Salvator, von dem wir uns hier leiten lassen, hat seine Yacht „Nixe" zur Verfügung gestanden, sowie Matrosen und ein Ruderboot. –

Heute veranstalten mitunter Ausflugsboote der CORMORAN-Flotte (Tel. 68 64 99) von Paguera aus, oder ein Ferrybus ab Port d'Andratx, Dragonera-Touren, die einen meist nur halbstündigen Besuch der Insel einschließen. In dieser Zeitspanne kann man jedoch allenfalls den Taubenturm oder die Maurenhöhle besichtigen. Selbst zum Leuchtturm auf dem nordöstlichen Cap de Tramuntana und zurück muß man jedoch mehr als eine Stunde Gehzeit rechnen.

Andererseits hat es jedoch auch seine Vorteile, wenn nicht ständig Touristen-Karawanen zum höchsten Punkt der Dracheninsel aufsteigen und dabei die dort nistenden Möven und Falken stören. Überhaupt: Diese Insel ist mehr als alle anderen Orte auf Mallorca zum Naturschutzpark geeignet und die Mallorquiner müßten wahnsinnig seien, falls sie zuließen, daß auch Sa Dragonera mit Urbanisationen zuzementiert wird! –

Das alles ist inzwischen zum Politikum geworden, über welches das Parlament der autonomen Balearen 1985 entschieden hat. Zur Zeit wird nur noch über die Höhe des Lösegeldes verhandelt, für das ein Bankenkonsortium bereit ist, die Insel aus seinen Fängen zu lassen und der Regierung der Balearen zwecks Einrichtung eines Naturschutzparkes zu übergeben. – Danach dürfte sich einiges ändern. Vermutlich wird die Insel der Öffentlichkeit für eine begrenzte Nutzung zur Verfügung stehen.

Ich selbst bin als Mitglied eines mallorquiner Bergsteiger-Clubs auf Sa Dragonera gewesen. GEM (Grup Excursionista de Mallorca, P.O. Box 465, Palma) hatte den Ausflug organisiert und das CORMORAN-Boot gemietet. Die Überfahrt von der Anlegestelle, beim Restaurant „El Pescador" in Sant Telm, bis zum Hafen in der Cala Lladó dauert nur 20 Minuten. Das Boot legt an der Kaimauer an, man kann bequem aussteigen.

Hier gibt es einige Häuser und auch eine bewässerte Anpflanzung mit Fruchtbäumen. Ein nahgelegener, weißer Turm entpuppt sich als Taubenschlag. Wir können zu der steilen Kuppe hinaufschauen die den alten Leuchtturm trägt, der bereits 1852 fertiggestellt worden ist, aber nur begrenzt einsatzfähig war, weil ihn Wolken just dann zu verhüllen pflegten, wenn er am nötigsten gebraucht wurde. Man mußte ihn deshalb aufgeben und durch zwei tieferliegende Leuchttürme ersetzen, die an den beiden Enden der 4 km langen, aber nur 800 m breiten, Insel errichtet worden sind.

Beide Enden bestehen aus steilen Kaps, die nach den entsprechenden Windrichtungen benannt sind. Das Cap de Tramuntana liegt im Nordosten der Insel, gegenüber der Cala en Basset und dem La-Trapa-Massiv. Es ist auf einem bequemen, aussichtsreichen Fahrweg in einer guten halben Stunde zu erreichen. Von der Plattform des Leuchtturmes kann man sogar ein wenig um die Ecke schauen zur steilen Nordwestflanke und den Nistplätzen der Kormorane.

Von dem gewundenen Fahrweg zum Cap de Tramutana zweigt, etwa 200 m vom Hafen entfernt, ein Karrenweg links ab, der knapp 100 m weiter die Cova des Moro (Maurenhöhle) erreicht. Dort liegt der vergitterte Höhleneingang, rechts neben einem kleinen Gebäude. Leider ist diese Gittertür mitunter verschlossen! –

Neben dieser Tür ist der Schalter einer laienhaft installierten Höhlenbeleuchtung, die jedoch nicht funktioniert! – Sie müssen also eine Taschenlampe mitnehmen, wenn Sie die Maurenhöhle besichtigen wollen, denn diese Höhle ist ein finsterer Avenc, ein Felsschlund in dessen Tiefe viele Steinstufen hinabführen. Es geht erstaunlich weit hinunter durch eine Reihe von Kammern, vorbei an niedrigen Stellen, bei denen man mit dem Kopf anstoßen kann! –

Unten gibt es Säulen aus Tropfsteinen und einen kleinen, unterirdischen Teich, aus dem Wasser nach oben gepumpt wird, zur Bewässerung der kleinen Plantage. Ludwig Salvator hat diese Höhle so beschrieben:

Geht man von Cala Lladó statt gegen den Leuchtthurm zu, hinauf auf den Comellar, so trifft man die Cova del Moro mit doppelter Aushöhlung am Eingange. Eine Treppe führt in dieselbe hinunter; man findet mehrere Kammern mit abschüssigem Boden und Tropfsteingebilden. In einer kleinen von zwei Säulen getragenen Höhle befindet sich Wasser, dessen Niveau um eine Spanne höher als das Meer ist. Man hat hier viele Tropfsteine abgebrochen, um Bellems, d. h. Bethlehemskapellchen daraus zu machen (Weihnachtskrippen).

Der Aufstieg zum alten Leuchtturm dagegen führt vom Hafen auf der asphaltierten Straße in Richtung Süden zum Cap Llebeig. Nach 500 m zweigt rechts ein Fahrweg ab, der nicht asphaltiert ist. Er windet sich zunächst in einer Senke aufwärts, durch vertrocknete Felder, an gut erhaltenen Trockenmauern und schließlich an einem Häuschen vorbei. Unser Ziel, den alten Leuchtturm auf der Spitze, behalten wir stets im Auge.

Auf Schritt und Tritt begegnen wir graugrünen Eidechsen (Sargantana, Podarcis sp.), die auf dem sonnenbeheizten Weg dösen und aufgeschreckt in den Spalten der Stützmauer Zuflucht suchen. Auf der Insel muß es Millionen dieser Reptilien geben. Wovon leben sie? – Insekten haben hier keine Chance! Echse und Drachen heißen auf Katalan „dragó". Daher also dürfte die Dracheninsel Sa Dragonera ihren Namen herleiten.

Unser Weg ist jetzt soweit aufgestiegen, daß wir durch eine Senke das Meer auf der Nordseite der Insel erblicken können sowie die Steilwand der Klippe, die rechts vom Coll Roig aufragt. Jetzt wendet er sich dem steilen Hang der Hauptklippe zu und beginnt, in eng übereinander liegenden Serpentinen, aufzusteigen. Nur wenige Bäume säumen noch den Wegesrand, aber Rosmarin von ungewöhnlicher Schönheit und Dichte parfümiert die Luft.

In seinem unteren Teil schmükken Wolfsmilchstauden den Hang, mit im Juni roten Blättern. Weiter oben gibt es würzig duftenden Thymian mit graurosa Blüten sowie ein weiteres aromatisches Kraut, das gelb blüht. Der Weg ist, 130 Jahre nach seinem Bau, noch recht gut erhalten, nur an einigen Stellen überwuchert und seine Stützmauer nur an wenigen Stellen eingestürzt. An vielen Serpentinen gibt es Kletterpfade auf denen man abkürzen kann. Der Blick nach unten, zu dem kleinen Hafen, aber auch hinüber nach Sant Telm, ist recht reizvoll und mit zunehmender Höhe wächst auch die Aussicht auf die hohen Berge und die wilde Küste in beiden Richtungen.

Nach gut einstündigem Aufstieg erreichen wir den burgartigen Ruinen-Komplex des alten Leuchtturmes, der den technisch-interessierten Erzherzog zu einer höchst genauen

Beschreibung angeregt hat. Hier sein gekürzter altertümlicher Originaltext:

Die Isla de la Dragonera, hoch und felsig, liegt etwa eine Meile von der Küste Mallorca's entfernt, von welcher sie durch den gleichnamigen Freu geschieden wird. Sie hat 4 km Länge und 800 m Breite. Gegen Osten und Süden zu, d.h. auf den Seiten, welche nach Mallorca zu liegen, ist sie lehnig, auf der Nord- und Westseite aber mit wilden Abstürzen versehen, und überall felsig und kahl. Die ganze Insel gehört der D^n Catalina Villalonga Zaforteza; nur wenig bebaute Strecken dienen Schafheerden als magere Weide. Der Hauptlandungsplatz ist bei der Cala d'en Lladó, wo neben dem Ufer ein kleiner Aujub mit etwas Wasser steht. Rechts ist eine Hütte, um Boote hinaufzuziehen, in der Mitte eine felsige Spitze mit drei kleinen Häusern, mit einem Opuntien-Corral, darüber ein Paret und einzelne Getreidefelder und eine Tenne mit einem Brunnen, aber mit schlechtem, salzigem Wasser. Es hausen hier Leute aus der Bonanova und Valldemosa, welche 100 Duros Pacht für die Weiden und das wenige Getreide der ganzen Insel zahlen. Sie haben ein Haus in S'Arracó, wo sie zur Messe gehen. Der Weg zum Leuchtthurme geht oberhalb der kleinen Häuser durch die Hauptfurche, überschreitet sie auf einer kleinen Brücke und zieht sich die felsigen Lehnen hinauf. Oben fangen Strandkiefern an, sonst ist Rosmarin vorwiegend anzutreffen. Es folgen zwei Riffe hinter der Cala, welche eine niedrige Spitze hat, dann ein Inselchen in der Mitte des Freu; hierauf durchzieht man die lange Strecke gegen die Mola, und auf kurzen Serpentinen gelangt man zu dem hochgelegenen Leuchtthurme, welcher im Jahre 1852 gleichzeitig mit dem 7 km messenden Dienstweg vollendet wurde. Der untere Theil des Gebäudes, der wegen der steilen Lehne gänzlich von dem oberen getrennt ist, dient den Leuchtthurmswächtern als Wohnung, als Oelmagazin und Reinigungskammer; der obere enthält die Wohnung für den Ingenieur und bildet die Basis des aus seiner Mitte sich emporhebenden Thurmes.

Von der Höhe der Thurmterrasse mit Geländer ringsum zieht sich ein schwindelnder Abgrund bis zum Meere. Herrlich blickt man von hier auf die Spitze des Cap de Falcó und das in der Ferne wie hingehaucht erscheinende Ibiza. Gern möchte man stundenlang auf dieser Höhe weilen, und prächtig ist die Beleuchtung, wenn die Sonne auf das spiegelglatte Meer sinkt und die fernen Schiffe vergoldet, die am Horizonte dahinschwimmen. Unterhalb des Faro-Gebäudes liegt neben einem gesprengten Felsen eine starke, trockene Muralla mit Nebengebäuden. An dem hohen Pic des Leuchtthurmes befindet sich eine Höhle, Sa Cova del Single de la Font genannt, mit Tropfsteinwasser oder Sa Font des Moro.

Welche Aussicht kann sich auch mit dieser, wie ein Finger in den Himmel sich erhebenden Spitze von Na Popi messen! Die Leuchtthurmwächter haben ein Maulthier. Zwei alte Matrosen versorgen mit einem Falucho ihre Ueberfahrt nach S^n Telmo.

Vom Riff bei Cap Tramuntana aus

Man beabsichtigt, den Leuchtthurm tiefer zu setzen, da er häufig von den Nebeln eingehüllt wird und daher, wenn er am notwendigsten wäre, unbrauchbar wird. Einerseits wäre es doch sehr schade, denn man sieht ihn wegen der Höhe bei klaren Nächten aus einer grossen Entfernung, von 52 Meilen, und gerne sehe ich aus meinem Bette in Miramar das auf und nieder glitzernde Licht blinken, das mir wie ein alter Bekannter und treuer Gefährte erscheint.

Wir wollen nun um die Dragonera und die Nordküste herum fahren, und zwar zuerst an der Ostküste anfangen. Nach der Cala Lladó, welche eine niedrige, sichelartige, felsige Spitze umschliesst, kommt eine kleine Enseñada, Cala en Ragau genannt, und daneben mehrere kleine und eine vortretende, schwarze, schwammige und von den Wogen abgewaschene Spitze mit zwei abgetrennten Felsen am Ufer, welche die Cala abschliesst. Es folgt das massige, wilde Cap de Tramuntana, welches den Wendepunkt von der Ost- zur Nordküste bildet; von demselben hat man einen prächtigen Blick auf die wilde Trapa und die Falaisen der Nordküste. Nach coulissenartig aufeinanderfolgenden Vorsprüngen mit horizontalen, gewellten Schichtungen folgt der hohe Felsenpic des Leuchtthurmes mit phantastischen, schwindelnd hohen, senkrechten Wänden. Dunkelgraue Falken hausen auf dieser Höhe. Knotige Felsenmassen zeigen sich an der Stelle, wo eine tiefe Spalte ist, von dem runden Thurm überragt. Bei Cap Llebetx liegen der Forat de ses Gambas und hinter demselben Ses Peñas Rotjes. Darauf folgt die ziemlich tief eindringende Cala Llebetx mit einer tief gezogenen Thalfurche im Grunde. Der das Cap überragende Thurm, Torre de Llebetx genannt, dessen Erbauung im Jahre 1585 ange-

ordnet wurde, hat 9 Varas Durchmesser und etwa 12 Varas Höhe, mit einer Wurfluke oberhalb der kleinen Thür, sowie einer vertieften Plattform mit Barbette-Parapet gegen die Mola de Andraitx zu. Beim Ausgange der Cala Llebetx ist ein kleiner Caló, Cala en Bagu genannt; dann kommen ungleiche, zerrissene Abstürze und die gegen Pentaleu zu sich vertiefende Spitze, welche zwischen zwei Thalfurchen vorspringt. Nach dieser folgt die kleine Cala Cucó am Fusse des abgerundeten Berges der Farola und nach einer steilen, aber wenig ausgeprägten Thalfurche, welche den Hügel des Faro durchfurcht, die Cala dels Arts. Hierauf erreicht man wieder die Cala Lladó.

Das Freu des Dragonera, welches die nach Barcelona fahrenden Dampfer gewöhnlich benutzen, da sie blos um die Insel fahren, wenn das Meer zu stürmisch ist und die verschiedenen in der Nähe der Dragonera gelegenen Riffe gefährlich werden, zeigt gewöhnlich hohe Wellen, namentlich bei Nordost wird es von den Wogen durchpeitscht. Dafür ist es aber sehr fischreich, und das wissen nicht blos die Fischer von Valldemosa und Andraitx auszunutzen, sondern auch die unzähligen Cormorane und Puffinen, von welchen manchmal das Meer förmlich schwarz ist, und die auf der Dragonera nistenden Seemöwen pflegen sich ihnen auch meistens zuzugesellen.

Soweit der Erzherzog. Wer heute auf den zerfallenden Leuchtturm klimmt, setzt sich einigen Gefahren aus, wenn er auf der bröckeligen Schneckentreppe zur Plattform steigt. Ansonsten hat sich seit der Zeit des Erzherzogs auf der Dragonera weit weniger geändert als auf der Hauptinsel Mallorca. Noch immer kreisen aufgeregte Möwen zu Hunderten schreiend um die Klippenspitze und kleine, dunkle Falken segeln elegant um das Cap de Falcó. Wirklich neu sind eigentlich nur die automatischen Leuchttürme an beiden Kaps.

Dann liegt mir noch eine Beschreibung der Insel Dragonera aus dem Jahre 1789 vor. Damals gab es außer dem noch existenten Wachtturm über der Cala Llebeig noch einen zweiten auf der höchsten Spitze, also wohl dort, wo heute die Ruine des alten Leuchtturmes steht. Von der Hafenbucht, Cala Lladó, wird gesagt, daß sie Süßwasser führt. Man mußte sie damals mit Felsblöcken sperren, um den Korsaren die Wasseraufnahme zu erschweren.

Überhaupt scheint Sa Dragonera über Jahrhunderte hinweg ein Tummelplatz maurischer Piraten gewesen zu sein, die im Windschatten der Insel auf der Lauer lagen, sie als Basis für Unternehmungen gegen das Spanische Festland benutzten oder auch einmal dort in aller Ruhe abgewartet haben, bis die Mallorquiner das Lösegeld für gefangene Landsleute beisammen hatten. Im April 1555 haben die Piraten auf diese Weise 4.200 Escudos in Silber für die Freilassung von 28 gefangenen Soldaten erpreßt, die eigentlich die Seeräuber verjagen sollten. („HISTORIA DE ANDRAIG", S. 457).

Offenbar waren damals die christlichen Flotten den maurisch-türkischen nicht gewachsen. So konnten Chaireddin Barbaroja sogar im Golf von Artá den kaiserlichen Großadmiral Andrea Doria schlagen.

Wenn wir uns später, nach dem Abstieg über den schattenlosen Berghang, im Meer abgekühlt haben und auf glatten Klippen ruhend ins Träumen kommen, kann die Phantasie um Jahrhunderte zurückschweifen. Wir können uns wilde Szenen vorstellen, etwa so, wie sie Balthasar Porcel in seinem Roman „Caballos hacia la noche" beschreibt – hier auf Sa Dragonera! – Welche Geheimnisse birgt diese Insel noch heute? Ob wohl Schatzsucher hier eine Chance haben? – Noch vor wenigen Jahren soll die Insel einem Schmuggler-König gehört haben! –

Bei ruhiger See wird das Ausflugsboot die Insel umrunden, ehe es seine Passagiere wieder in Sant Telm oder Paguera absetzt. Dann können Sie die fast 400 m ins Meer abfallenden Klippen genauso erleben, wie der Erzherzog sie beschrieben hat. Sogar die Kolonien der Kormorane nisten noch auf rotgelben Felsen unter denen die Wellen in seltener Buntheit blinken. Die Reflexion des intensiv blauen Himmels wird von den Spiegelungen der feuerfarbenen Felsen unterbrochen. Warme und kalte Farbklänge steigern sich zu unwirklicher Intensität.

Einmal, als wir von der Dragonera zurück gefahren sind, kreuzten wir durch einen Schwarm spielender Delphine. Mehrere Minuten lang machten sich die lustigen Fische einen Spaß daraus, vor dem Bug herzuschwimmen.

Besuch der Insel Cabrera

Sonntagsausflug in ein anderes Jahrhundert

Die Insel Cabrera ist die Hauptinsel eines kleinen Archipels, dessen 10 Inseln, sowie zahlreiche Klippen, südlich des Cabo de Salinas vor Mallorca im Meer liegen. Bei klarer Sicht ist Cabrera nicht nur von Mallorcas Südspitze sondern von allen hohen Bergen, ja sogar von der Autobahn zwischen Palma Nova und Portals Nous deutlich zu sehen. Was man über diese vergessene Insel liest und hört ist geheimnisvoll, ungenau oder widersprüchlich.

Alte Sagen aus Ibiza und Mallorca behaupten sogar, Hannibal, der große Karthager, sei auf der Illa des Conills, der zweitgrößten Insel des Archipels, geboren. Im 16. Jahrhundert soll Cabrera mehr ein Stützpunkt als ein Schlupfwinkel der algerischen Piraten gewesen sein und von 1809 bis 1814 sind dort Tausende von französischen Kriegsgefangenen umgekommen. Wüste Kämpfe, finstere Bluttaten, Verzweiflung, Hunger und Kanibalismus hat diese Insel gesehen und selbst heute ist sie militärisches Sperrgebiet und steht nur begrenzt Besuchern offen.

Andererseits jedoch habe ich an einem Sommer-Sonntag, neben einigen Fischerbooten, fast 40 Segel- und Motoryachten sowie drei Ausflugsboote im Hafenbecken von Cabrera gezählt und es wird berichtet, daß die alte Burg über der Hafeneinfahrt für touristische Zwecke renoviert werden soll. Zur Zeit benötigt eigentlich noch jeder, der auf Cabrera landen will, die Zustimmung des Kommandanten, und selbst wer mit einem Ausflugsboot kommt, muß beim Kartenkauf seine Paßnummer angeben! –

Der Erzherzog Ludwig Salvator hat in seiner zweiten, auf zwei Bände konzentrierten Ausgabe der „Balearen" der Insel Cabrera siebeneinhalb große Seiten mit fünf Illustrationen gewidmet. Hier eine Textauswahl, welche Cabrera um 1880 schildert. Inzwischen hat sich die Insel erstaunlich wenig verändert:

Die Insel Cabrera, ca. 17 km vom Cap Salinas entfernt und nur durch einen Freu von 10 km Länge (der bis zur Insel, der Foradada, reicht) getrennt, ist eine südlich gelegene Nebeninsel Mallorca's. Sie ist hügelig, doch sind auch viele Thäler vorhanden. Im Mittel liegen die Hügel 100 m über der Meeresoberfläche; der höchste Berg ist der Puig de la Guardia mit 172 m. Im Allgemeinen ist die Insel kahl oder mit Buschwerk bedeckt. Die in geringer Anzahl vorhandenen Ackerflächen liefern Cerealien, Gemüse und Obst, denen aber die zahlreichen, dort in Wildniss lebenden Ziegen – hiervon hat die Insel (cabra = Ziege) auch ihren Namen erhalten – und die Menge Kaninchen verheerend entgegentreten. Cormorane halten sich in Unmassen an den Ufern Cabrera's und den nahen Felsenriffen auf. Die dortigen Gewässer sind sehr fischreich. Einwohner der nahen Südküste und der Bahia von Palma treffen fast alltäglich in Faluchos, besonders aber im Winter hier zum Fischkauf ein. Die Fischer tragen jeden Morgen die Fische nach Campos, von wo sie nach Porreras und Llummayor weitergeschafft werden. Das Klima ist sehr gesund und mild, aber den Winden sehr ausgesetzt; der Sommer ist warm. Recht störend wirkt der Wassermangel, denn es gibt dort nur zwei etwas stärker fließende Quellen, welche aber auch im Sommer nur spärlich fließen; die eine ist im Tale, welches die Hügel von Bella Mirada und Peñas Blances, nahe dem Grunde des Hafens, bilden, sie wird von den dortigen Bewohnern benutzt und bewässert einen kleinen Hort; die andere befindet sich bei der Cala d'en Ciola, unweit des Leuchtthurmes. Cabrera zählt 31 ansässige Einwohner, bestehend aus dem Militär-Commandanten, der einzigen Behörde der Insel, welcher auch die Papiere der ein- und auslaufenden Schiffe zu visiren hat, einem Militär-Arzt, der von dem Kriegsministerium ernannt wird, den Leuchtthurmwächtern nebst ihren Familien, den Bauern und Fischern; ferner ist ein Infanterie-Detachement errichtet und daselbst auch ein Geistlicher angestellt, so dass die gesammte Bevölkerung mit den Arbeitern nahezu die Zahl 80 erreicht. Auf Cabrera giebt es Ziegen, Schafe, Schweine und einige Maulthiere.

Das Centrum der Insel wird durch den grossen Hafen eingenommen, der nach dem von Mahon als der beste der Balearen angesehen werden kann; er erstreckt sich so ziemlich von Norden nach Süden und wird im Osten durch die Punta de la Creueta, im Westen durch das weit vorspringende Cap Llebetx oder Llebeitx begrenzt, welche beide eine etwa 300 m breite Oeffnung zwischen sich lassen. Das Interessanteste von Cabrera ist sicher sein, wie ein Adlerhorst aussehendes, 72 m über der Meeresfläche gelegenes Schloss, zu dem vom Landungsplatze ein Fahrweg hinaufführt. Dasselbe scheint spätestens Ende des 14. Jahrhunderts erbaut worden zu sein; es war stets mit einer, wenn auch gewöhnlich kleinen, Besatzung be-

legt. Das Schloss hatte den Zweck, die algierischen Piraten zu verhindern, sich im Hafen von Cabrera festzusetzen und von dort mit grösserer Leichtigkeit ihre häufigen und zerstörenden Angriffe auf die freien Punkte der Küste Mallorca's auszuführen.

Das letzte Mal, dass das Schloss für die Artillerie zur Verwendung kam, geschah im Jahre 1715, und zwar bei der Gelegenheit, als das Expeditions-Geschwader, welches Philipp V. zur gelungenen Unterwerfung Mallorca's geschickt hatte, in den Hafen von Cabrera einfuhr. Im Jahre 1716 wurde das Schloss mit Heerestruppen unter einem vom Könige ernannten Militär-Gouverneur besetzt, und noch heutzutage untersteht es einem Hauptmann des Cuerpo Mayor de Plazas.

Das Aussehen des wilden Schlosses mit seinen hohen goldgelben Marés-Mauern ist, von jeder Seite aus betrachtet, ausserordentlich malerisch; hauptsächlich nimmt es sich aber von dem Collet, von wo aus man auch schon Mallorca schön sieht und auf dem sich der kleine ummauerte Kirchhof befindet, herrlich aus.

Beim Hafengrunde befindet sich die Hauptquelle. Sie entspringt unter einem Felsen und fliesst durch einen mit Marés-Platten gewölbten Gang zu den Abeuradors hinab. Neben derselben ist ein mit Terrassen versehener kleiner Hort, welcher durch eine Sefareix bewässert wird. Zwischen dem Comellar de sa Font und dem Comellar de ses Figueras liegt die Serra del Midj mit dem ca. 8 m hohen Obelisk aus Pedra de Santagñy, der zur Erinnerung an die auf Cabrera während des spanischen Unabhängigkeitskrieges in der Gefangenschaft gestorbenen Franzosen errichtet wurde.

Unter den Inseln, welche gleichsam Cabrera mit Mallorca verbinden, befindet sich nur eine etwas grössere, nämlich die Conejera oder Cunillera, auch Isla des Cunys genannt, die alte Tricuadra, während die anderen nur Riffe sind.

Auf der Conejera sind, wie ihr Name schon andeutet, viel Kaninchen, die dort gejagt werden. Auch hausen dort unzählige schwarze Eidechsen.

Sehr schön bietet sich Cabrera von dem Freu aus dem Auge dar; am weitesten rechts sieht man das Cap Llebetx, die Vertiefung des Hafens, die Anhöhe mit dem Castell, den Vorsprung der Escala von Conejera mit seinen senkrechten Abstürzen, die vorstehende dunkle Klippe der Esponja, die Isla Plana, die lang gestreckte Isla Pobre, sowie weiter zur Linken die Isla Foradada. Aber das Boot, welchem die Mittagsbrise die Segel anschwellt, dampft munter auf der schäumenden Fluth gegen die Küste von Mallorca zu. Möge es uns vergönnt sein, an seinen trauten Ufern zu landen. Mit diesem Wunsche sei es mir gestattet, diese Schilderung der lieb gewonnenen Insel zu schliessen.

Ludwig Salvator war Seemann und Yachteigner. Cabrera hat seiner Yacht „Nixe" gelegentlich als Zuflucht gedient, wenn er auf dem Wege von Afrika nach Mallorca vom Sturm überrascht worden ist. Deshalb dürfte ihn die Insel besonders in-

Castell de Cabrera

teressiert und zu einer extrem ausführlichen Beschreibung verleitet haben. Die Tragödie der französischen Kriegsgefangenen auf Cabrera hat der Erzherzog freilich nur angedeutet – wohl aus Rücksicht auf sein Gastland. Dabei wäre anzumerken, daß der Grund für die völlig unzureichende Verpflegung der Gefangenen nicht nur im Haß auf die eingedrungenen Eroberer zu suchen ist – obgleich es sich ja um jenen entsetzlichen Krieg gehandelt hat, dessen Greuel Goya mit seinen Radierungen festgehalten hat. Damals waren auf Mallorca ohnehin Lebensmittel äußerst knapp, denn 40.000 Landsleute, die aus dem von den Franzosen besetzten Barçelona geflüchtet waren, mußten erst einmal ernährt werden! –

Die unglücklichen Gefangenen der Schlacht von Bailén hatten bereits vorher Furchtbares erlitten. Ihre ursprüngliche Anzahl von 19.000 war schon durch Typhus, Skorbut, Fieber und Desenterie auf 5.500 reduziert, ehe sie am 3. April 1809 in Cabrera an Land gesetzt worden sind. Nur wenigen gelang in den folgenden fünf Jahren die Flucht. Da am 16. Mai 1814 kaum mehr als 2.000 Gefangene repatriiert worden sind, müssen fast 3.500 auf Cabrera umgekommen sein. Diese Zahlen stammen aus dem Buch „Les îles oubliées" (erscheinen 1893) von Gaston Vuilliers (1847-1915), der mir weit glaubwürdiger erscheint, als jene Mallorca-Bücher und Zeitschriften-Artikel, die immer wieder unterschiedliche, viel höhere Zahlen nennen.

Die Berichte aus alter Zeit, aber auch die Erzählungen befreundeter Segler, hatten mein Interesse an Cabrera geweckt – aber wie kommt man dort hin? – Das Fomento del Turismo kennt 1985 keine regelmäßige Schiffsverbindung nach Cabrera aber an den beiden ersten Sonntagen im August fährt ein Ausflugsboot der Cruceros Iberia S.A. (Tel. 71 71 90) nach der Insel. Abfahrt 8 Uhr 45 vom Kai gegenüber dem Auditorium, am Paseo Maritimo in Palma. An Bord soll es nur Getränke geben, sein Picknick muß jeder selbst mitbringen.

Am Sonntag wartet das große Ausflugsboot dann aber bis 9.15, um noch einen ganzen Stapel frisch gebackener Coca Verdura an Bord zu nehmen. Dieser pizza-ähnliche Blechkuchen wird später, zusammen mit trockenem Weißwein, kostenlos an die Fahrgäste verteilt. Diese Fahrgäste sind fast alle Mallorquiner, die einen Familienausflug machen. Gut ein Drittel besteht aus netten Kindern. Alle benehmen sich sehr viel gesitteter, als wir das bei international gemischten Touristengruppen beobachtet haben. –

Die Fahrt geht, bei ruhiger See, aus der Bucht von Palma, an der Steilküste entlang bis zum Cap Blanc, mit seinem weißen Leuchtturm, und dann von der Küste fort nach Südosten. Es ist sonnig aber etwas diesig, so daß wir den Cabrera-Archipel vom Cap Blanc aus kaum erkennen können, aber bald werden die Umrisse der Hauptinsel immer deutlicher, bis wir nach zweieinhalbstündiger Fahrt in die Mündung des Naturhafens einlaufen. Links thront auf steiler Klippe das alte Castell. Es sieht noch genau so aus, wie es in den „Balearen" abgebildet ist. – Überhaupt, die Entwicklung scheint seit hundert Jahren stehen geblieben zu sein.

Kurz vor zwölf Uhr machen wir am Kai fest. Bis 15.15 haben wir Zeit für den Landgang. Mehr als die Hälfte der Passagiere strebt zu dem kleinen Strand, der rechts in der Bucht, etwa 15 Gehminuten entfernt liegt. Wir anderen wollen unter Begleitung eines Soldaten in etwa 10 Minuten zum Castell aufsteigen. In dem kleinen Hafen kommen wir zunächst an einem flachen Gebäude vorbei, das wohl als Schuppen dient, aber auch ein „Refugio de Pescadors" enthält, also einen Raum, in dem sich Fischer aufhalten können, wenn sie schlechtes Wetter auf der Insel festhält. Vor dem Schuppen wartet ein Jeep, mit dem Soldaten ihre Sonntagsbesucher, meist junge Mädchen, vom Hafen abholen.

Ein größeres Gebäude scheint der Sitz des Kommandanten zu sein. Zwei alte Kanonen sind davor aufgebaut. Rechts daneben gibt es so etwas wie eine Bar mit Terrasse. „CANTINA" steht auf einem Schild. Gegenüber stehen noch ein paar Häuschen und Schuppen. Der Weg zum Castell windet sich am rotgelben Hang nach oben. Wir gelangen auf einen Sattel, „Collet" hat ihn der Erzherzog genannt und erwähnt, daß dort ein kleiner, ummauerter Friedhof liegt. Dieser Friedhof liegt noch genauso da, aber der „schöne Blick auf Mallorca" entfällt heute wegen Dunst.

Leider dürfen wir nicht zum Castell hinauf. Der Begleitsoldat macht uns klar: Hier, unterhalb des Castells ist Schluß und fotografieren ist verboten, weil wir uns in militärischem

Der Hafen von Cabrera von der Miranda aus

Sperrgebiet befinden. – Schade, der Blick über die Hafenbucht ist von oben besonders schön! – Am Castell wird gebaut, vielleicht entsteht dort eine neue touristische Attraktion? –

Wieder unten, beschließen wir, unser Picknick auf dem ankernden Ausflugsboot einzunehmen, denn in der „CANTINA" ist es inzwischen recht voll geworden – und in der heißen Augustsonne möchten wir uns nicht irgendwo auf den öden Berghang setzen. – Hinterher steige ich mit meinem Schnorchelkram gleich vom Boot aus ins Wasser. Ein Fischer bestätigt: Ja, hier gleich bei der Einfahrt in die Hafenbucht liegen die griechischen und römischen Schiffe, die kürzlich mit ihren Amphoren, im spanischen Fernsehen gezeigt worden sind – aber in 30 m Tiefe! – Das ist viel zu tief für Freitaucher, und Gerätetaucher erhalten verständlicherweise keine Genehmigung zu einer Besichtigung. Internationale Forscherteams planen die Bergung der Wracks.

Auf Cabrera macht aber auch das gewöhnliche Schnorcheln Spaß. Kraken schauen unter den Steinen im flachen Wasser hervor und Kinder, die hier Seeigel-Skelette sammeln, haben schnell eine Tüte voll. – Wie zur Zeit des Erzherzogs tauchen Cormorane ganz in der Nähe. – Das Bad hat erfrischt und, nach einem Kaffee in der „CANTINA" breche ich zu einer kleinen Erkundung auf, trotz der glühenden Hitze.

Der Fahrweg, welcher dem Ufer der Bucht folgt, steigt etwas an. Links, im felsigen Hang des namenlosen Berges (109 m) sind die „Coves de ses Cabres" (Ziegenhöhlen) zu erkennen. Hinter der Hafenbucht ragt der Puig de Bellamirada (155 m) mit seinen bewaldeten Hängen und im Südwesten schaut aus einer Senke der Leuchtturm der Punta Ensiola herüber. An diesem herrlichen Sommer-Sonntag ankern viele Boote in der Bucht. In einem Haus, am Straßenrand, tuckert ein schwerer Dieselmotor – vermutlich das „Elektrizitätswerk" der Insel. Die Straße steigt jetzt zu einer kleinen Höhe an, auf der ein größeres Haus am Rande eines Wäldchens liegt. Hinter der Anhöhe verbergen sich die Unterkünfte der Soldaten.

Kurz hinter diesem Kasernenbereich liegt ein weißes Haus nahe am Ufer, bei einem Kai, an dem zwei weitere Ausflugsboote festgemacht haben. Dieses weiße Haus ist offensichtlich etwas, was es nach allen Berichten auf Cabrera gar nicht geben sollte: ein Restaurant. – Im Schatten des Vordachs sitzen auf Bänken, dichtgedrängt, rund 30 Passagiere der beiden Ausflugsbootc und füllen sich den Bauch mit Paella. Eine noch größere Anzahl hat im Innern des Hauses Platz gefunden und tut das Gleiche. Die Boote kommen aus Cala d'Or und Colònia de Sant Jordi.

Hundert Meter weiter liegt der kleine Strand, an dem es kaum Schatten gibt. Aber zuvor zweigt links ein Fahrweg ab, der von Feigenbäumen gesäumt wird. Ich weiß nicht, ob das Schild „Zona militar, prohibido el paso" sehr ernst gemeint ist, aber die sengende Sonne lähmt ohnehin meinen Unternehmungsgeist. Der Weg ist, laut Karte, der Haupt-Fahrweg der Insel. Er führt zu vier Häusern und einer Quelle und irgendwo, rechts am Hang, muß da auch jener Obelisk stehen, welchen der Prinz von Joinville 1847 errichten ließ „A la mémoire des Français morts à Cabrera. L'escadre d'évolutions de 1847". Zuvor hatte der Prinz bereits die Gebeine Napoleons, I. von St. Helena abgeholt und im Invalidendom beisetzen lassen. Er kam damals mit seiner Dampf-Korvette nach Cabrera und erbat die Erlaubnis der spanischen Behörden, die noch auf Cabrera verstreut herumliegenden Gebeine verstorbener Gefangener sammeln zu dürfen, um ihnen ein christliches Begräbnis zugeben. Auf der Grabstätte wurde dann der Obelisk errichtet.

Wenn die Felsen dieser Insel sprechen könnten, was alles hätten sie zu berichten!? Was alles mag sich hier abgespielt haben, ohne daß ein Chronist überlebte, um es festzuhalten? –

Bei der Rückfahrt wenden wir uns von der Hafenausfahrt rechts. Da gibt es hinter dem Cap Xoriguer eine weitere Bucht, die Cala Ganduf, in der ebenfalls viele Boote ankern. Unser Schiff strebt auf das gegenüberliegende Cap des Moro Buti zu, in dem sich die Blaue Grotte (Sa Cova Blava) befindet. – Hier gibt es eine Überraschung: Gleich rechts von der Grotte ankert die neue „Fortuna", die Yacht des Königs von Spanien. Links der Blauen Grotte liegt ein Wachtboot. Die königliche Familie scheint Siesta zu halten, niemand zeigt sich den neugierigen Blicken.

Die Grotte ist so groß, daß unser Ausflugsboot ganz hineinfahren kann. Es ist eine schöne Grotte und wer gutwillig ist, erkennt auf ihren Wänden blaue Reflexe. Wenn man mit einem kleinen Kahn noch viel tie-

S'Olla

fer hineinfährt, mag das alles noch sehr viel blauer erscheinen. – Unser Boot wendet sich jetzt nach Mallorca zurück und läßt steuerbords eine Gruppe wilder Felseninseln liegen. Der Patron erzählt über die Lautsprecheranlage jene Sage nach der Hannibal auf der Kanincheninsel geboren sein soll.

Richtig, die Balearen waren ja damals von Karthago besetzt – aber ausgerechnet auf dieser öden Klippe . . .? – Nun, in Felanitx will sogar ein kleines Museum beweisen, daß Columbus aus Felanitx stamme. – An der Nordwestspitze der Illa des Conills erkennen wir den Eingang einer großen Höhle, die von oben Licht erhält. Deshalb heißt sie Sa Cova Foradada und die nördlichste dieser Inseln heißt Na Foradada, weil sie einen Felsen mit einem großen Loch aufweist, ähnlich wie die bekannte Halbinsel bei Deiá.

Bei klarer Sicht muß man von hier alle hohen Berge Mallorcas erkennen können, aber heute taucht das Cap de ses Salines nur langsam aus dem Dunst. Der Kapitän macht uns eine Freude und fährt ein Stückchen in die hübsche Cala Pi hinein, danach geht es am Cap Blanc und der hohen Steilküste entlang nach Palma zurück. Dort macht das Boot um 18.45 wieder am Kai fest. In unserer Erinnerung bleibt der Besuch einer Insel, die noch nicht an den Tourismus vermarktet ist. – Wie lange wird sie wohl ihre Abgeschiedenheit noch bewahren?

Der Erzherzog und die Feigenbäume

In seinen „Balearen" hat der Erzherzog Ludwig Salvador der Beschreibung der Landwirtschaft auf Mallorca, um 1860 herum, sehr viel Raum gewidmet. In der zusammengefaßten, zweibändigen Ausgabe von 1897 sind es noch 85 große Seiten. Das ist sehr viel mehr Detail, als die meisten heutigen Leser ertragen können. Ich habe deshalb den Text über die Feigenbäume herausgesucht und mit ein paar Tips für die Nutzanwendung versehen:

Nächst dem Oelbaum nimmt der Feigenbaum, namentlich in der Ebene, die größte Kulturfläche ein und jährlich werden noch neue Pflanzungen angelegt. Er scheint für das Klima und die Bodensorte in der dortigen Ebene besonders geeignet zu sein. Die Vermehrung geschieht am vortheilhaftesten durch Stecklinge. Der Feigenbaum zählt zu den Obstbäumen, die am längsten leben; er erreicht ein Alter von 100 und mehr Jahren, dabei ist er abgehärteter gegen Witterungsverhältnisse, als andere Obstsorten, und weniger Krankheiten ausgesetzt. Am meisten schaden die Ameisen, welche die Feigen zerfressen oder wenigstens verderben. Die Anzahl von Feigensorten ist sehr gross, man unterscheidet solche von weisser, grünlicher, röthlicher bis zu schwarzer Farbe, theils reifen sie schon im Juni, theils im September. Begreiflicher Weise dauert darum auch die Ernte wochenlang; abgesehen von der Unbequemlichkeit, daß man sich beim Einsammeln einer Leiter bedienen und auf den Baum steigen muss.

Die Feigen bilden das Hauptproduct des Feigenbaumes; man isst sie frisch zur Zeit der Ernte, man trocknet sie in grossen Mengen, um sie theils auf der Insel zu verbrauchen, theils auch nach dem Ausland zu versenden und bedient sich ihrer auch zum Mästen der Schweine, die außer-

ordentlich fett dabei werden, wodurch sie eine Haupteinnahmequelle der Insel bilden. Der frischen Feigen bedient man sich während der langen Zeit der Ernte als Dessert täglich auf allen Tischen in der Stadt. Die Arbeiter und ärmeren Klassen essen sie bei jedem Mahle, aber auch die Herren geniessen sie in der Frühe, wenn sie Chocolade trinken. Auf dem Lande, wo fast ein Jeder seine Feigenbaumpflanzungen hat, ist der Verbrauch noch grösser als in der Stadt. Diejenigen Leute, die bei der Feigenernte oder anderen Arbeiten in der Besitzung, wo ein Figueral besteht, thätig sind, essen davon so viel sie wollen, und die Uebrigen können sich leicht Feigen verschaffen, da diese zu einem äusserst geringen Preise zu kaufen sind. Den Schweinen giebt man anfangs die Feigen, welche zu Boden gefallen sind und weder zur Speise noch zum Trocknen sich eignen; nachher giebt man ihnen aber auch von den guten und später von den trockenen, somit werden sie während zwei oder drei Monaten mit Feigen (Figas de cristía) und Cactusfeigen (Figas de moro) ernährt. Da jedes Schwein über ein Kilogramm per Tag davon verzehrt, so dürfte, mit Rücksicht auf die Schweinemenge, das von ihnen verbrauchte Quantum nahezu die Hälfte der Gesammtproduction betragen, also etwa 4 000 000 kg.

Wenn die Feigenernte im Gange ist und gut gereifte Früchte vorhanden sind, beginnt man sie auf Cañisos, einer Art Tafeln aus Stäben von Pfahlrohr, sei es vor den Thüren der Wohnhäuser, sei es im Figueral, zu trocknen. Jeden Abend werden die Cañisos unter Dach gebracht und am anderen Morgen, wenn die Sonne hoch steht, wieder hinausgetragen, bis die Feigen völlig trocken sind und zum Versand fertig gestellt oder aufbewahrt werden können. In manchen Distrikten werden sie, nachdem man sie 20 Tage der Sonne ausgesetzt hat, mit siedendem Wasser gebrüht, damit die Würmchen vernichtet werden und darnach wieder getrocknet.

Die trockenen Feigen Mallorca's sind sehr geschätzt, namentlich zeichnen sich die Burdissots blancas und Elegantinas von Binisalem und die Carabassetas von Son Servera aus. Wenn mallorquiner Herren ihren Bekannten auf dem Festlande ein Geschenk machen wollen, so schicken sie ihnen zumeist Schachteln mit Feigen. Man versendet Früchte auch auf eine andere Weise, nachdem man daraus die sogenannten Pans de Figas (Feigenbrode) bereitet hat. Aus trokkenen Feigen, die man zusammenpresst, macht man einen konischen Klumpen, den man mit Palmito, manchmal auch blos mit Blättern überzieht und den man mehrfach mit buntfarbigen Papierbändern ziert. Oben befindet sich häufig eine kleine Palmitoschleife, damit man ihn tragen oder aufhängen kann. Manche sind ziemlich groß, andere klein und zierlich umwickelt; namentlich die Nonnen der Caridad von Pollenza zeichnen sich in der Bereitung solcher Pans de Figas aus. Doch ist dieser Feigenteig bei Weitem nicht so gut, wie die auf natürlichem Wege getrockneten Feigen.

Mallorquinische Ackerbaugeräte

I. Corretjadas. II. Ganchos III. Gavilaus IV. Xepeta. VI. Axada VII. Cavach VIII. Cavach d'Hortolá IX. Rampayna. X. Destral XI. Gatzoll XII. Fausó XIII. Forqueta XIV. Trinxet XV. Xorrach XVI. Broca XVII. Escala

Der Verbrauch an trockenen Feigen in der Stadt und auf dem Lande ist sehr gross; namentlich auf dem Lande bilden sie im Winter und besonders in der Fastenzeit einen grossen Theil der Nahrung der ärmsten Klassen, die sich nach Tisch und in der Frühe zum Frühstück zu essen pflegen, so dass die auf Mallorca verbrauchte Menge eine Million Kilogramm überschreiten dürfte. Der Feigenbaum giebt aber als Erträgniss nicht blos die Feigen, sondern auch die Blätter als Viehfutter und das Holz; die Blätter sind jedoch nur ein schlechtes Futter, und man zieht daher wenig Nutzen daraus. Auch das Holz ist schlecht, wird aber manchmal als Brennholz, mit anderen Hölzern vermengt, verwendet.

Wir merken uns: Es gibt nach Farbe und Geschmack recht unterschiedliche Feigenarten. Manche sind schon im Juni reif, andere erst im September. Feigenbäume werden mehr als hundert Jahre alt. Mit Feigen werden Schweine gemästet! – Feigen sind also sehr nahrhaft, wahre „Kalorienbomben", also nichts für Leute, die abnehmen wollen! – Anderseits ersetzen ein paar frisch vom Baum gepflückte Feigen, bei Bergwanderungen, eine Mahlzeit.

Frische Feigen verderben schnell. Deshalb sind sie in Mitteleuropa selten und teuer und selbst auf Mallorca keineswegs so billig, wie man bei einem so reichlich vorhandenen Obst annehmen sollte. Andererseits jedoch sind Ihre Chancen zur Feigenernte eingeladen zu werden, oder bei Bergwanderungen auf alte Feigenbäume neben zerfallenen Hütten zu treffen, recht gut. – Selbst dann, wenn der Eigentümer solche Bäume bereits abgeerntet hat, wachsen weitere Früchte nach, die eine rechte Ernte nicht mehr lohnen. Solche Feigen locken dann den Wandersmann wie weiland die Apfelbäume die Goldmarie im Märchen von der Frau Holle.

Wenn Sie nun, so oder so, zu einem Körbchen frischer Feigen gekommen sind, werden Sie feststellen, daß die überraschend schnell satt machen. Sie können also nur eine begrenzte Menge essen, ehe sie verderben. Was ist zu tun?

Feigenkompott ist eine leckere Sache. Es ist unproblematisch zu bereiten: Feigen waschen, vom harten Stiel befreien, große Früchte halbieren. In einen Topf geben, mit Wasser bedecken und nach Geschmack Zitronenschale, Zimt, Zucker hinzufügen. Nicht zu lange kochen, damit die Früchte nicht zerfallen, etwa 5–7 Minuten! Abkühlen, im Kühlschrank kaltstellen und möglichst kalt servieren. Schmeckt köstlich frisch!

Feigen trocknen. Das haben wir von Pepe Bibiloni gelernt, als er uns nach Santa Eugenia zur Feigenernte eingeladen hatte. Seine Anweisung ist genauer als die des Erzherzogs: Vollreife, große Früchte aufschneiden, flachpressen und jeweils zwei zusammendrücken. Kleine Früchte einfach breitquetschen und in der Sonne, auf einem Lattenrost etwa vier Tage trocknen. Nachts oder bei feuchtem Wetter ins Haus holen. Wer keinen Lattenrost besitzt, kann sich mit den beliebten Liegematten behelfen oder auch mit einem Tuch, das er mit Wäscheklammern über einen Trockenständer spannt.

Die getrockneten Feigen steckt man dann in einen Netzbeutel, und taucht sie etwa fünf Minuten in kochendes Wasser, um Würmer und Larven abzutöten. Danach läßt man die Feigen nochmals 2–3 Tage trocknen, um sie anschließend luftig zu lagern, auf eine Schnur zu ziehen oder Feigenbrot daraus zu pressen – unter Zusatz von Zitronat, Orangeat und Mandeln.

Feigen in Alkohol. Das ist auch eine Möglichkeit, Feigen aufzubewahren. Das Rezept entspricht dem für den Ansatz von „Rumtopf". Also: Feigen gut zuckern (mindestens die halbe Gewichtsmenge Zukker!), in ein Schraubdeckelglas oder einen irdenen Topf geben, hochprozentigen Alkohol darübergießen. Süße Feigen benötigen weniger Zukker, die anderen mehr. Gut ist es auch, geeignete Gewürze (Zimt, Zitronenschale, Nelken) beizufügen, da die Feigen ihren Eigengeschmack an den Syrup abgeben. Man muß da etwas experimentieren und nach persönlichem Gusto mehr oder weniger Zucker oder Gewürze hinzufügen. Rum, Chinchon und Weinbrand schmecken mir mit Feigen besser als Whisky.